D1664202

ALBERT STEFFEN / MÄRTYRER

MÄRTYRER

TRAGÖDIE

VON

ALBERT STEFFEN

VERLAG FÜR SCHÖNE WISSENSCHAFTEN

DORNACH / SCHWEIZ

ZWEITE AUFLAGE 1983

©

Das Aufführungsrecht für sämtliche Bühnen ist nur von der Albert Steffen-Stiftung,
Dornach/Schweiz, zu erwerben.

Alle Rechte, insbesondere das der Übersetzung, vorbehalten.

Copyright 1942 by Verlag für Schöne Wissenschaften, Dornach (Schweiz).

Printed in Switzerland.

ISBN 3-85889-112-6

GESTALTEN

Waffengefährte
Gefängniswärter
Herold
Bote
Marcus Crassus
Gnaeus Lentulus
Dessen Gattin
Der Älteste des Senats
Ein Volkstribun
Eine Matrone
Senatoren, Römer und Römerinnen, Vestalinnen
Orkus

Ort : SPITALSTADT

ERSTER AKT

SEKRETARIAT DES ROTEN KREUZES

Schlichter Raum, im Hintergrund von hohen Fenstern abgeschlossen, mit
dem Ausblick auf den Hof eines Krankenhauses.

In der Mitte langer Tisch, umgeben von hohen Stühlen. Darüber das Porträt Henri Dunants, des Begründers des Roten Kreuzes, mit langem weissen
Barte, in schwarzem Sammetkäppchen und Hausrock, umrahmt von Palm-
zweigen. Darunter steht: Inter arma caritas.

Rechts Eingang vom Hof.

Links Tür ins Innere des Hauses.

Der VERWALTER des Spitals und die OBERSCHWESTER. Sie überreicht ihm die Liste der Verwundeten, die soeben eingebracht worden sind.

OBERSCHWESTER:

Die Liste hier —

VERWALTER (mit einem Blick darauf):

Sechshundert Schwerverletzte,
dreitausend leichtre Fälle von der Front —
der zehnte Teil für unser Krankenhaus ...
Ja, haben wir noch Platz?

OBERSCHWESTER:

Wir müssen ihn
wohl schaffen.

VERWALTER:

   Ach, so geht es Tag und Nacht,
seitdem die Offensive eingesetzt.
Die ganze Stadt ist schon ein Lazarett.
Fast die Gesamtbevölkerung gehört,
soweit sie taugt, zum Pflegerpersonal.
Wir werden unsern Sicherheitsbezirk,
den uns die Mächte bisher garantierten,
ausdehnen müssen auf das Hinterland,
statt uns auf diese Zone zu beschränken,
das sogenannte Niemandsland der Liebe.
Notwendig wär es, sämtliche Berufe,
die ganze Landwirtschaft und Industrie
im Dienst des Roten Kreuzes umzustellen,
um den vermehrten Pflichten zu genügen.

OBERSCHWESTER:

Gewiß ist dieses auch im Sinn des Mannes,
der unser Werk begründet hat: Henri Dunant's.

VERWALTER:

Man unterhandelt noch darüber. Doch,
so scheint es fast, um uns die alten Rechte
zu nehmen, statt uns neue zu verleihen.
(Mit dem Blick auf das Porträt)

Wenn man das Werk von diesem Namen trennt
und der Idee, die e r vertreten hat,
so wird es weggefegt. — Ich fürchte dies.

OBERSCHWESTER:

Die Liebe fürchtet nichts.

VERWALTER:

    Der Haß auch nichts.

OBERSCHWESTER:

Er fürchtet eines.

VERWALTER:

  Was?

OBERSCHWESTER:

    Sich selber.

VERWALTER:

     Er,

der Usurpator, der dem Abendland
den Krieg erklärt — und sich schon Sieger glaubt?

OBERSCHWESTER:

Er fürchtet sich vor seinem eignen Sieg
und dem, was nachher folgt: Dem Kirchhoffrieden.
Dann hat er nur noch e i n e n Feind: — Sich selbst.

(Man hört ein Auto vorfahren)

VERWALTER (am Fenster):

Die Flagge von Paganien. Der Wagen
hält vor dem Tor. Ein Offizier steigt aus.
Er kommt hierher. Was heißt das? Oberschwester,
ich bitte, fragen Sie doch nach.

(Oberschwester ab)

(Es klopft an die Tür)

VERWALTER:

Herein!

JUSTIZFUNKTIONÄR (in Uniform):

Wo ist der Präsident des Roten Kreuzes?
Ich muß ihn sprechen.

VERWALTER:

Jetzt? Das wird nicht gehen.

Denn er befindet sich auf einem Rundgang
durch die Spitäler, samt der Ärzteschaft.
Und hernach findet eine Sitzung statt.

JUSTIZFUNKTIONÄR (ungehalten):

Ich kann nicht warten.

VERWALTER:

Bitte, Platz zu nehmen.

(Ab)

JUSTIZFUNKTIONÄR (schreitet ungeduldig hin und her und bleibt
schließlich vor dem Bilde Henri Dunants stehen. Indem er es betrachtet,
sieht er nicht, daß inzwischen die Oberschwester wieder eingetreten ist.)

Ein Greis im Schlafrock — mit der Friedenspalme
und mit dem Kreuz. Symbol der guten, alten Zeit.
Was steht da? (Er buchstabiert) Inter arma caritas.

(Ein Grimassen-Tik läuft über sein Gesicht)

(Plötzlich erblickt er die Oberschwester. Unwirsch, weil er sich beobachtet
sieht)

Wer ist's?

OBERSCHWESTER:

    Henri Dunant —

JUSTIZFUNKTIONÄR:

    Mir dämmert was —

OBERSCHWESTER:

Der unser Rotes Kreuz ins Leben rief.

JUSTIZFUNKTIONÄR:

Ein Sektenheiliger, so scheint es mir.

OBERSCHWESTER:

Ein Weltmann voller Geist und voller Güte.

JUSTIZFUNKTIONÄR:

Mit einem Barte, der um hundert Jahre
zurückreicht.

OBERSCHWESTER:

    Um Jahrtausende vielleicht.
Wie die Propheten ihn getragen haben.

JUSTIZFUNKTIONÄR:

Da hat sich noch gelohnt Barbier zu sein.

OBERSCHWESTER:

Er wollte, was so ungeheuerlich
hereingebrochen ist: Barbarisierung
der jungen Generation verhüten,
die bartlos ist.

JUSTIZFUNKTIONÄR:

Sie wollen mich brüskieren!

OBERSCHWESTER:

Von ihm stammt ja der Plan, der helfen soll,
daß unsere Kultur nicht ganz im Blut
ertrinken muß, und daß die Feinde sich
an diesem Orte finden und versöhnen.
Neutralisation von ganzen Städten
für Kriegsverletzte aller Nationen
hat er schon damals, in die Zukunft schauend,
den Herrschern von Europa vorgeschlagen.
Und die Bevölkerung, verlangte er,
die sich der Kranken annimmt, muß wie diese
teilhaben an dem allgemeinen Schutz,
verbürgt durch diplomatische Verträge.

JUSTIZFUNKTIONÄR:

Verträge, denk ich, werden heut diktiert
von Generälen, nicht von Diplomaten.

OBERSCHWESTER:

Auch Generäle können menschlich sein.

JUSTIZFUNKTIONÄR:

Die Menschlichkeit verlängert jeden Krieg.

OBERSCHWESTER:

In jedem Krieg ist Raum für Menschlichkeit.

JUSTIZFUNKTIONÄR:

Der Krieg ist das primäre, nicht der Frieden.

OBERSCHWESTER:

Sie kennen die zehn Menschlichkeitsgebote?

JUSTIZFUNKTIONÄR:

Obschon ich selbst Gesetze produziere,
muß ich gestehen: Nein. Dozieren Sie.
Das scheint ja Ihr Beruf zu sein.

OBERSCHWESTER:

Gewiß,
ich hab die Krankenschwestern auszubilden.

JUSTIZFUNKTIONÄR:

Laßt hören denn! Wie heißt Ihr Dekalog?

OBERSCHWESTER:

— Der Krieg besteht, solang es Leidenschaften
auf dieser Erde gibt. Soldatenpflicht
gebietet: Erstens, sich zu überwinden.

JUSTIZFUNKTIONÄR:

Ich denke, das besorgt das Reglement.

OBERSCHWESTER:

Zweitens:

Laßt von Tyrannen nie euch unterjochen.
Das höchste Ziel ist in euch selbst zu finden.

Drittens:

Das Heimatland des Geistes haltet frei,
denn es ist Gottesreich und grenzenlos.

Viertens:

Es stehen unter eurem Schutz die Kinder,
die Frauen, Greise und die Geistlichen.

Fünftens:

Zerstört die Kirchen nicht in Feindesland,
den Glockenton in eurer Seele nicht.

Sechstens:

Wer Hand an waffenlose Menschen legt,
ist ehrlos und besudelt seine Fahne.

Siebtens:

Habt Ehrfurcht vor dem Unglück der Besiegten,
seid milde den Gefangnen gegenüber.

JUSTIZFUNKTIONÄR:
Macht Schluß mit dem Geschwätze:
        Achtens, neuntens –

OBERSCHWESTER:
Pflegt die Verwundeten des Feindes so
wie eure eigenen, und für die Toten
schickt die Gebete zu dem Sohne Gottes,
zu Christus, der sein Blut für alle Menschen
vergossen hat. Das sagt das Rote Kreuz.

Zehntens:

Seid würdig, wenn ihr für das Vaterland
der Fahne folgt. Im Leben und im Tod.

JUSTIZFUNKTIONÄR (auf sein Portefeuille deutend):

Ich habe andre Direktiven hier.

OBERSCHWESTER:

Es ist, als ob der Genius Dunants
auf Golgatha das Blut gesehen hätte,
das an dem Stamm des Kreuzes niederrann,
als hätte er von da die Kraft empfangen,
den Sturm, der unsern Erdkreis jetzt umbrandet,
wie einen Höllenaufstand, vorgeschaut:
Gesamtmobilisation des Todes.
Der Tod ist Priester und der Tod ist Lehrer,
der Tod ist Bauer, Kaufmann, Maschinist,
der Tod ist Produzent und Konsument,
der Tod ist da in jeglichem Beruf.
Und all die Millionen, die er trifft
und liegen läßt, die Kranken und die Krüppel,
sie finden keinen Ort, der sicher ist
vor Bombenwürfen und Bazillenschwärmen,
wenn unsre Fahne nicht darüber weht:
Das Rote Kreuz im weißen Felde hier,
wenn Dunants Heilsidee nicht wirklich wäre.

JUSTIZFUNKTIONÄR:

Sie ist nur Utopie.

OBERSCHWESTER:

Wie? — Utopie?
Sein Werk besteht, wird fortgeführt von uns.
— Dunants ureigenste Gedankenziele
sinds doch, wenn wir durch alle Katastrophen,
die schon jahrzehntelang den Kontinent
verwüstet haben, diese Länderecke
aussparen durften als Asyl —

JUSTIZFUNKTIONÄR:

Zur Sache.

(Er öffnet seine Mappe)

OBERSCHWESTER (ohne seine Geste zu beachten):

Wenn die Bewohnerschaft von dieser Stadt
sich ganz dem Menschheitswerke widmen darf.
— Gewiß nur eine winzige Oase
in einer Sahara, die endlos ist,
und doch Gewähr, daß einmal Liebe siegt.

DER PRÄSIDENT DES ROTEN KREUZES (ist eingetreten)

JUSTIZFUNKTIONÄR:

Der Präsident des Roten Kreuzes?

PRÄSIDENT:

Ja!

JUSTIZFUNKTIONÄR:

Da komm ich gleich zu meinem Zwecke. Hier,
ein Brief von meinem Feldherrn.

20

(Mit einem Blick auf die Oberschwester)

Ohne Zeugen!

PRÄSIDENT:

Ich werd Sie rufen lassen, Oberschwester.

(Er nimmt das Schreiben in Empfang. Oberschwester ab)

Sie sind vom Inhalt unterrichtet?

JUSTIZFUNKTIONÄR:

Ja.

DER PRÄSIDENT (öffnet und liest. Seine Bestürzung, die sich steigert und ihm fast die Fassung raubt, prallt an dem maskenhaft gewordenen Gesicht des Justizfunktionärs ab):

Ich ahnte dies — ich hätt es wissen müssen —
die Stadt evakuieren — welch ein Wahnsinn —
(Weiterlesend) Das ist ja Teufelei!

JUSTIZFUNKTIONÄR:

Notwendigkeit.

PRÄSIDENT:

Woher nimmt euer Feldherr sich das Recht
dem Roten Kreuze zu befehlen?

JUSTIZFUNKTIONÄR:

Er?

Soweit ich selber unterrichtet bin,
ist vorgesehn, daß Sie, nicht er Befehl
zur Räumung geben.

PRÄSIDENT:

Auf Diktat von ihm.

JUSTIZFUNKTIONÄR:

Ihr eignes Wohl ist's doch, was hier diktiert.

PRÄSIDENT:

Er weiß so gut wie ich: Das Rote Kreuz
ist eine Weltorganisation.

JUSTIZFUNKTIONÄR:

Was heißt das: Weltorganisation?
Weltpresse — Weltverkehr — und Weltwirtschaft —
Die Weltartikel gelten längst nicht mehr.
Nur einer hat noch Wirklichkeit: Der Weltkrieg,
denn er beruht auf Wahrheit.

PRÄSIDENT:

Welcher Wahrheit?

JUSTIZFUNKTIONÄR:

Dem Kampf ums Dasein, der im Tierreich herrscht.

PRÄSIDENT:

Es gibt sehr viele Tiere, die sich helfen.

JUSTIZFUNKTIONÄR:

Die höchsten Arten nicht.

PRÄSIDENT:

Das Tier im Menschen.

JUSTIZFUNKTIONÄR:

Es kämpft um seinen Lebensraum. Das ist
das Weltprinzip, dem jeder folgen muß,
sogar der Präsident des Roten Kreuzes.
Kriegstechnisch angewandt: Die Frontentwicklung
bedingt, daß wir die Stadt als Stützpunkt haben,
bevor der Gegner sie besetzen kann.
Entweder wird sie, auf Befehl von Ihnen,
bis morgen früh von der Bevölkerung
geräumt —

PRÄSIDENT:
                    Wie...

JUSTIZFUNKTIONÄR:
                    Oder dann evakuiert
nach unserm Plan, das heißt bedingungslos,
freiwillig vorher, nachher mit Gewalt.
Die Truppen rücken ein, auf jeden Fall.

PRÄSIDENT:

Auf diesen Schluß war ich nicht vorbereitet.

JUSTIZFUNKTIONÄR:

Wählt selbst.

PRÄSIDENT:
                    Das kann und will ich nicht.

JUSTIZFUNKTIONÄR:
                              Sie müssen.

PRÄSIDENT:

Viel Tausende sind invalid und krank,
ans Bett gefesselt, ohne Arm und Beine,
Tragbahren gibt es wenige, sie werden
fast alle von der Sanität gebraucht,
um in der Schlacht Verwundete zu bergen.
Die meisten Autos sind jetzt unterwegs.
Wie stellt man sich den Abtransport denn vor?

JUSTIZFUNKTIONÄR:

Der Auszug muß zu Fuß erfolgen. Jeder
darf zwanzig Kilo auf den Rücken packen.

PRÄSIDENT:

Da müßten wir die Lahmen selber schleppen!
Wie? Glaubt ihr, daß ein Krüppel ohne Glieder
nur soviel wiegt, auch wenn der Rumpf vom Siechtum
ganz ausgemergelt ist? Meint ihr vielleicht,
daß er auf seinen Stummeln stundenweis
kann kriechen, — hirn- und herzlos, wie ihr seid?

JUSTIZFUNKTIONÄR:

Nur die Gesunden gehn. Die Kranken bleiben.

PRÄSIDENT:

Von uns im Stich gelassen? Ohne Hilfe?
Das hieße sie dem Tode übergeben.

JUSTIZFUNKTIONÄR:

Dem sie auch ohne dies verfallen sind.

PRÄSIDENT:

Wir desertieren nicht am Sterbebett.

JUSTIZFUNKTIONAR:

Ihr werdet mit den Leichen weggeschafft.

PRÄSIDENT:

Ich weiß, daß unser Retter naht!

JUSTIZFUNKTIONÄR:
                                        Der Feind!

Dafür ist vorgesorgt von uns. Verrat
hat Fliegerexekution zur Folge.
Verstanden?

PRÄSIDENT:

          Wie? Sie drohen mit dem Tod —
dem Roten Kreuz?

JUSTIZFUNKTIONÄR:

               Dem Tod zuvorzukommen.
Das Ultimatum läuft bis Mitternacht.
Ich frag zum letzten Mal. Entscheiden Sie!
Sogleich: Evakuierung oder nicht.

PRÄSIDENT:

Das Rote Kreuz evakuieren? Nein!
Es ist entgegen jedem Völkerrecht.

JUSTIZFUNKTIONÄR:

Ich kenne diesen Geist des Widerstands.

PRÄSIDENT:

Wir sind neutral.

JUSTIZFUNKTIONÄR:

Das müssen Sie beweisen.
Die Friedensseuche wird von Kindheit an
in Schulen und in Kirchen großgezogen.
Die Sanität dient Propagandazwecken.
Wo kommen die Geheilten hin? Was tun sie hier?
Wer finanziert das Ganze überhaupt?
Das alles harrt der Untersuchung jetzt.
Das Rote Kreuz kommt vor das Kriegsgericht.
(Ab)

DER PRÄSIDENT (bleibt unbeweglich stehen, den Blick zum Fenster
hinaus gewandt. Man sieht den Justizfunktionär zu seinem Auto eilen.)

DER VERWALTER (tritt wieder ein, hinter ihm als einheitliche, aber
heftig bewegte Gruppe die Repräsentanten des Roten Kreuzes, dem nicht
nur Ärzte und Krankenschwestern angehören, sondern Vertreter aller Berufe, die der Heilung der Menschheit dienen: Orthopäden, Apotheker,
Landwirte, Schreiner usw., Schneiderinnen, Wäscherinnen, Köchinnen,
Lehrer und Lehrerinnen der Pflegeschulen, Dozenten der Universität,
Priester, Pädagogen, Künstler, sowie die Behörden der Stadt.)

VERWALTER:

Wir sahn die Tigerwut in seinem Blick,
als er zum Tor hinaus an uns vorbei
zu seinem Wagen lief, von dannen fuhr,
und wir entsetzten uns. Was ist geschehen?

PRÄSIDENT:

Wir müssen ruhig bleiben, Freunde, ruhig
die richtigen Beschlüsse fassen. Setzt euch!
— Sind die Vertreter aller Gruppen da,
der Krankenhäuser, Kliniken und Schulen,
der Forschungsinstitute und Berufe?

VERWALTER:

Der Dichter, der noch im Theater probt,
läßt sich entschuldigen. Er kann nicht kommen.
Die Uraufführung seines neuen Stücks —

PRÄSIDENT:

Wird abgesagt.

STIMMENDURCHEINANDER:

       Warum?

PRÄSIDENT:

       Ich bitte: Ruhe!
Der Grund ist dieser Brief. Ich werd ihn lesen.
Ihr habt den Überbringer selbst gesehen,
im Sprung, geschmeidig-wild, gleich einem Panther,
ein Sendling aus der Unterwelt des Schreckens,
er selber nur beseßne Kreatur.
Furchtbares droht! Wir müssen uns bewußt sein,
daß wir in der Entscheidung, die sich naht,
nicht mehr mit Fleisch und Blut zu kämpfen haben,
sondern mit Geistern, die vom Himmel stürzten
und in die Stofflichkeit verlagert sind,

mit einer abgefallnen Schöpfermacht,
die schrecklich über unsre Schwachheit kommt,
solange wir nicht geistgerüstet sind.
Wir stehn vor einer Probe, und zur Prüfung
gehört, daß wir uns auf das Werk besinnen,
das uns im Dienst der Menschlichkeit vereinigt.
— Ich lese jetzt den Brief.
(Er liest)

,,Vom Hauptquartier
des Feldherrn.

— An den Präsidenten
des Roten Kreuzes. — Hiemit gebe ich
an Sie die folgende Verfügung weiter,
die unter Ihrem Namen heute noch
der Stadt bekannt gegeben werden muß...
— Die ganze Stadt mit ihren Landbezirken
wird innerhalb von vierundzwanzig Stunden
evakuiert, und die Bevölkerung
bekommt, im Schutz der Okkupationsarmee,
im Hinterland Distrikte angewiesen''.

OBERAMTMANN:

Verfügung wessen? — Ich verstehe nicht.

PRÄSIDENT:

Des Feldherrn.

OBERAMTMANN:

Hat er Ihnen zu befehlen?

28

PRÄSIDENT:

Er fordert außer meiner Unterschrift
noch die Bestätigung der Stadtverwaltung.

OBERAMTMANN:

Das heißt: Von mir, dem Oberamtmann?

PRÄSIDENT:

Ja.

OBERAMTMANN:

Ein Eingriff in die Souveränität!

STIMMENDURCHEINANDER:

Was soll das? — Sinnlos! — Wider jedes Recht!

PRÄSIDENT:

Ich bitte, sich zum Wort zu melden, eh
man sprechen will. Wir kommen sonst nicht durch.
(Einige erheben ihre Hände)
Erst lese ich, zur Urteilsbildung, weiter.
(Er fährt bei zunehmender Unruhe fort)
„Mitnahme jeder Art von Gütern ist
verboten, Gelder und Kleinodien
sind abzuliefern und zurückzulassen.
Räumung erfolgt zu Fuß. Die Wagen werden
zu militärischen Zwecken requiriert,
die Straßen freigehalten für die Truppen,
die morgen abend ihren Einzug halten..."

OBERAMTMANN:

Wir müssen handeln! Alles alarmieren!
Uns in den Schutz der andern Mächte stellen!

PRÄSIDENT (liest weiter):

„Dreitausend Bomber stehen schon bereit,
im Fall der Feind den Gegenzug versucht."

OBERAMTMANN:

Und wenn wir dem Befehl trotz dieser Drohung
nicht folgen?

PRÄSIDENT:

        Wird er dennoch ausgeführt,
was dieser Schluß eindeutig mir beweist:
(Er liest zu Ende)
„Die Weigerung fällt unter Kriegsgericht!"
(Bestürzung der Versammelten)

Fehlt weiter nichts als die Bestätigung
durch Ihre und durch meine Unterschrift.

OBERAMTMANN:

Ich werde jedenfalls nicht gegenzeichnen.

PRÄSIDENT:

Ist Ihnen klar, was dies zur Folge hat?

OBERAMTMANN:

Vor Kriegsgericht gestellt — Erschossen werden:
Das heißt bei diesem Tribunal dasselbe.

Mir gilt es gleich. Ich habe, abgesehen
davon, daß mich ein Dasein ohne Recht
vor Ekel töten müßte, mit dem Schicksal
schon lange abgeschlossen, und das Ende
kommt an und für sich viel zu spät für mich.
Also: Auf mich soll niemand Rücksicht nehmen.
— Jedoch, wie stehts mit der Bevölkerung?
Hat sie von meinem Opfer einen Nutzen?
Ich geb die Frage an die Freunde weiter.

OBERSCHWESTER (erhebt sich):

Die Herren müssen unterschreiben

PRÄSIDENT: Wie?

Wir müssen? Niemand kann uns dazu zwingen.

OBERSCHWESTER:

Sie selbst! Nicht Ihretwegen! Anderer wegen!

OBERAMTMANN:

Das Unrecht mit dem Namen sanktionieren?

DEKAN (der Universität und Professor der Philosophie):

Verzeiht, wenn ich in diesem Augenblick,
wo es um alles geht, erkenntnismäßig
der Frage auf den Grund zu gehen suche.
(Zum Oberamtmann)
Sie wollen Ihren Namen schuldlos halten!
Jedoch der Name fällt beim Tode weg
und nur das Wesen hat fortan Bestand.

OBERAMTMANN:

Der Name und das Wesen sind hier eins.

OBERSCHWESTER:

Ist es nicht lieblos, mit Begriffen spielen,
wenn vieler Leben auf dem Spiele steht!

DEKAN:

Erkenntnis nur kann uns Gewißheit geben,
daß wir das Heil im Tode nicht verlieren.

OBERSCHWESTER:

Das scheint wohl Ihr Beruf als Philosoph.
Doch mein Beruf ist: Auch im Leben heilen.
Und Heilen ist der heiligste Beruf.
Notwehr berechtigt und verpflichtet hier
für die Bevölkerung − und sich zu sorgen.

PRÄSIDENT:

Das gilt für unsern Oberamtmann sicher.

OBERAMTMANN:

Sie meinen, daß ich unterschreiben soll?

PRÄSIDENT:

Ich bitte sehr darum.

OBERAMTMANN:

                    Doch Sie?

PRÄSIDENT:

Ich nicht!
Bei mir geht es um mehr als Pflicht und Recht.

OBERAMTMANN:

Um was?

PRÄSIDENT:

Um den Bestand des Roten Kreuzes.

OBERAMTMANN:

Sie denken: Ohne Sie geht es zugrund?

OBERSCHWESTER:

Verloren ist es, wenn sein Leiter stirbt.

DEKAN:

Die Leitung, die im Geist der Wahrheit wirkt,
gilt für Lebendige und Tote gleich.

OBERAMTMANN:

Beweis!

DEKAN (auf das Bildnis Henri Dunants zeigend):

Das Wirken dieses Mannes hier!
Denn daß sein Werk, nachdem er längst gestorben,
gedeiht, beweist mir, daß er bei uns ist.

PRÄSIDENT:

Ich danke Ihnen sehr für dieses Wort.

(Zur Oberschwester)

Nicht wahr, ich wär ein schlechter Präsident,
wenn ich die Grundidee verlassen würde:
Die Treue, die er seinen Kranken hielt.
Denn dieses ist's, worum es sich jetzt handelt.
Es geht um die Idee der Menschenliebe.
Und alles andere ist null und nichtig.

OBERSCHWESTER:

Auch Ihre Unterschrift hat keine Geltung!

PRÄSIDENT:

Ich bin noch nicht zu Ende. — Der Befehl
des Feldherrn braucht noch einen Kommentar.
Es hat der Abgesandte mir gedroht,
was nicht im Briefe steht: — Was mit den Kranken
geschieht, wenn die Gesunden sie verlassen.

OBERSCHWESTER:

Wir nehmen sie doch mit.

PRÄSIDENT:

                    Aus ihren Betten?
In die Baracken? Wo Gesunde selbst
gewissem Siechtum ausgeliefert sind?
Und ohne Wäsche, Nahrung, Medizin?
Wie denkt sich unsre Oberschwester dies?

VERWALTER:

Das lag in seinem Basiliskenblick!

34

PRÄSIDENT:

Noch Grauenvolleres: Der Tod durch Gift.

OBERSCHWESTER (bedeckt ihr Antlitz mit beiden Händen)

PRÄSIDENT:

Ich würde diese schreckliche Vermutung
wohl niemals über meine Lippen bringen,
wenn ich nicht wüßte, daß die Ärzteschaft
im andern Lager Opiate braucht,
das Leben Unheilbarer abzukürzen,
sogar gesetzlich aufgefordert ist,
Verstümmelte und Krüppel auszumerzen.
— Wir überliefern unsre Kriegsverletzten
dem Untergange, wenn wir sie verlassen.

OBERAMTMANN:

Und wenn wir bleiben, werden wir erschossen.

PRÄSIDENT:

— „Und selber mit den Leichen weggeschafft."

OBERAMTMANN:

Damit wir ihr Verbrechen nicht verraten!

PRÄSIDENT:

Das ist der Sinn von diesem Kriegsgericht.
(Totenstille)

PRÄSIDENT:

Wer meldet sich zum Worte?

VERWALTER:

        Sprechen Sie.

PRÄSIDENT:

Ich sagte schon: Ich bleibe hier.

OBERAMTMANN:

        Ich gehe
— vorausgesetzt, daß Sie mir ganz vertraun.
Dann will ich die Verfügung unterschreiben
mit meinem Namen. Die Bevölkerung
verläßt mit mir die Stadt, so schnell wie möglich,
die Frauen, Kinder, Greise, Invaliden,
die Kriegsverletzten, wer nur immer kann.
(Zum Verwalter)
Organisieren Sie die Sanität,
die man entbehren kann — bei den Verlornen.

OBERSCHWESTER:

Ach! Ach!

OBERAMTMANN:

        Wir haben keine andre Wahl.
(Zum Präsidenten)
Ich denke, daß Sie einverstanden sind.

PRÄSIDENT:

Sie folgen Ihrer Pflicht. Das weiß ich gut.
(Zu der Versammlung)
Den andern sei es selber überlassen,
wo sie zu tragen und zu trösten hoffen.

36

OBERAMTMANN:

Lebt wohl!

ALLE (erheben sich):

Lebt wohl!

OBERAMTMANN (zum Verwalter):

So kommt!

VERWALTER:

Ich stelle gern
das Personal, das überflüssig ist,
zu Ihren Diensten. Doch, was mich betrifft,
so will ich die Verwaltung weiterführen
am Platze hier.

OBERAMTMANN:

So geh ich denn allein.

PRÄSIDENT:

Ich bitt noch eins: Wenn Sie am Schauspielhaus
vorüberkommen, sagen Sie dem Dichter,
daß wir auf seine Kunst verzichten müssen.

OBERAMTMANN:

Ich nehm ihn mit.

(Ab)

DEKAN (am Fenster dem Oberamtmann nachschauend):

Der Mann verdient die Freiheit.

37

PRÄSIDENT:

Das Leben ist für ihn ein größeres Opfer
— das dürfen wir ihm glauben — als der Tod.

OBERSCHWESTER:

Herr Präsident, das Opfer, das Sie selber
zu bringen denken, ist gewiß das größte
und nützt den Kranken doch so gut wie nichts.
— Das Rote Kreuz gebraucht Sie anderswo.

PRÄSIDENT (mit Strenge):

Dann mögen Sie die Leitung übernehmen,
ich wäre meines Amtes nicht mehr würdig.

OBERSCHWESTER:

War ich zu vorlaut? Oh verzeihen Sie!

PRÄSIDENT:

Zur Strafe folgen Sie dem Oberamtmann!

OBERSCHWESTER:

Das tu ich niemals, darf ich niemals tun.
Ich habe meine Kranken zu besorgen.
Sie wurden mir vom Schicksal zugeführt.
In ihre Wunden hatten Würmer schon
sich eingefressen. Fleisch mit Kot verklumpt
und Fetzen Tuch verpappt, hab ich gereinigt,
mit frischen Leinen hab ich sie verbunden,
die amputierten Glieder weggetragen.

Und sollte jetzt von ihnen gehen? Nein!
Die lassen sich von keiner andern pflegen,
sie würden sich vor ihrer Mutter selbst
in ihrem körperlichen Elend schämen, —
und in dem seelischen..., wer kennt sie denn?
Ich höre sie in meinem Herzen schon
nach Hilfe rufen, ach, was bleib ich noch
bei Ihnen hier und schwatze immerzu,
es ist nicht recht.

PRÄSIDENT:

     So gehn Sie.

OBERSCHWESTER:

     Nichts für ungut...

(Sie eilt hinaus)

PRÄSIDENT:

Die Stunde drängt. Wir müssen uns entscheiden.
Ein jeder soll mit sich zu Rate gehen.
Also, ihr Freunde, sprechen Sie sich aus.
Wer denkt zu bleiben? Wer zu gehen? Sprecht!
Ich selber halte niemand hier zurück.

(Pause)

Ihr Schweigen lastet schwer auf meiner Seele.

(Es erhebt sich einer nach dem andern)

SCHREINER:

Wer immer Särge schreinert, spricht nicht leicht.
Ich bleibe da, wo Särge nötig sind.

SCHNEIDERIN:

Zerrißne Kleider flicken, Hemden nähen,
wer tut es denn für unsere Invaliden,
wenn jeder nur an seine Hoffart denkt!

GÄRTNER:

Den Garten beim Spital muß ich besorgen
mit meinen Kräutern für den Apotheker.
Im Herbst will ich den Frühling vorbereiten,
die Samen sä'n, solang der Mond noch wächst.

KÖCHIN:

Ich möchte nur noch für die Kranken kochen.
Denn meine Suppen schmecken nirgends besser.
Wer sagt mir anderswo: Vergelt's euch Gott?
Soll ich die Schlemmerbäuche etwa mästen,
wenn ich die armen Seelen speisen darf?

CHEMIKER:

Ein neues Mittel gegen Starrkrampf hab ich
gefunden, um das Serum zu ersetzen,
das man bis jetzt für Tetanus gebraucht.
Ein Präparat aus Hyoscyamus,
gemischt mit Belladonna und verwendet
als Injektion —: Ist hier nur zu erproben!

DEKAN:

Ihr alle scheint mir Eines zu vergessen:
Daß Ihr den Toten nicht mehr helfen könnt.

Getötete heilt keine Medizin.
Verhungerten schmeckt keine Nahrung mehr.
Begrabne säen nicht und ernten nicht.
Und Leichen liegen nackt im Massengrab.
— Wollt Ihr nicht doch ins Leben fliehen?

ALLE:

Nein!

PRIESTER:

Dem Tüchtigen hilft Gott, so denkt ihr alle!
Ein Wort, das mich als Priester stets verdrossen,
wenn die Untüchtigkeit am Werke war,
Auswahl Untüchtigster in den Berufen.
Doch hier wird zur Berufung der Beruf.
Drum harret aus in Eurem Gottvertrauen.
Ihr dürft gewiß sein: Schicksal bleibt für Menschen,
die auf dem zugeteilten Platz der Erde
standhalten, bis zu ihrem Tod gerecht.
(Der DICHTER tritt, während der Priester noch spricht, herein)
Und weist es über unsern Tod hinaus,
so gibt's für Tüchtige auch — dort zu tun.

DICHTER:

Ich höre, daß mein Schauspiel untersagt ist
und das Theater zugeschlossen wird.

PRÄSIDENT:

Bitte den Priester nicht zu unterbrechen.

PRIESTER:

Dem Dichter überlaß ich gern das Wort.

DICHTER:

Warum verbieten Sie, Herr Präsident,
das Wort des Dichters auf der Bühne denn?

PRÄSIDENT:

Hat Ihnen unser Amtmann nicht berichtet?

DICHTER:

Die Gründe, die er angab, gelten nicht.

PRÄSIDENT:

Was gab er an?

DICHTER:

            Die Stunde sei zu ernst
zum Spiel. — Ich aber mußte ihm erwidern:
Der Ernst der Stunde fordert dieses Spiel.

PRÄSIDENT:

Sie wissen, daß Sie mit dem Tode spielen.

DICHTER:

Ich weiß, daß meine Dichtung Leben zeugt.

PRÄSIDENT:

Sie wollen vor dem Feinde spielen?

DICHTER:

Ja!

VERWALTER:

Vor den Verbrechern!

DICHTER:

Schließt man denn die Kirchen
vor den Verbrechern zu, wenn Hoffnung ist,
daß sie die Wahrheit noch bekehren kann.

PRIESTER:

Das Schauspielhaus ist nicht ein Gotteshaus.

DICHTER:

Es wird zum Haus des Geistes wieder werden,
wenn gute Dichter drin zu Worte kommen.

PRÄSIDENT:

Ich kenne nur den Titel Ihres Stückes:
„Der Tod des Spartacus". Doch das genügt,
die Wut des Widersachers zu erregen.

DICHTER:

Zur Selbsterkenntnis führen soll es ihn.

PRÄSIDENT:

Illusionen! Wo die Wirklichkeit
so grausam über uns gekommen ist!

DICHTER:

Ich bitte, kommen Sie zur Probe mit
und prüfen Sie die Wirkung selber.

(Man erblickt die Evakuierten, die den Hof des Krankenhauses durch-
schreiten, Frauen mit Säuglingen auf den Armen, gebrechliche Greise,
Kinder und Kranke mit geringer Habe, wie sie davon ziehen.)

Alle (faßt der Jammer an):

Ach!

DER PRÄSIDENT (wendet sich zu den Flüchtlingen):

Christus ist bei uns bis ans Erdenende,
In Ihm ist unsre Heimat immerdar,
ob wir nun bleiben oder gehn. — Lebt wohl!

DICHTER:

Vielleicht geschieht ein Wunder durch das Wort!

ZWEITER AKT

BÜIINENRAUM

Vor der Hauptprobe des Zwischenspiels, das den Sklavenaufstand im alten
Rom (75–71 vor Christi Geburt) und das Schicksal seines Anführers, des
Spartacus, zum Inhalt hat.
Der Vorhang ist noch geschlossen.
Dahinter bereiten sich die Schauspieler, ohne sichtbar zu werden, auf das
Spielen vor.
Der DICHTER und der PRÄSIDENT DES ROTEN KREUZES sind
auf der rechten Seite vorne im Gespräch begriffen.

PRÄSIDENT:

Sie fahren in der Probe fort?

DICHTER:

Gewiß!

PRÄSIDENT:

Sie sagten selbst: Es wirken hier Dämonen!

DICHTER:

Wie kann ich anders meinen Geist erproben
als mit der Waffe, die Dämonen fürchten:
Dem Worte, das ihr Wirken demaskiert!

DIE OBERSCHWESTER (tritt herein und auf sie zu):

Die Stadtquartiere liegen menschenleer,
halb ausgeräumt die meisten Krankenhäuser.

Nur Sterbende hat man zurückgelassen,
die Amputierten ohne Bein-Ersatz,
die Typhuskranken, wegen Ansteckung,
wer sonst nicht gehen kann — Ist das ein Elend!
Ach viele nehmen sich das Leben selbst
und flehen, daß man sie als Tote rette,
wegtrage ihre irdischen Überreste.
Man traut den Feinden Leichenschändung zu
und Seelenfolterei und Geistesmord.
— Bald werden an der Stätte, wo die Liebe
gewaltet hat, nur noch Gespenster hausen.

PRÄSIDENT:

So wie in den Ruinen Roms, das Sie
in Ihrem Drama jetzt heraufbeschwören.
Der Tod des Spartacus! Weshalb der Stoff?

DICHTER:

Zur Warnung! Ja! Damit der Seelenalp,
der uns belastet, endlich sichtbar werde.

PRÄSIDENT:

Sichtbar! Für wen? Für die Gespenster wohl?

DICHTER:

Wenn keine Lebenden mein Schauspiel sehn,
um hier ein altes Schicksal zu erkennen
und um ein neues zu beginnen: — Nun,
so kehren Götter und Gestorbne ein.

PRÄSIDENT:

Und machen Ihre Bühnenkünstler mit?

DICHTER:

Der höchste Star und unterste Statist!
Sie setzen ihren ganzen Stolz darein,
auf dem verlornen Posten auszuharren,
gerade so wie Sie, vom Roten Kreuz!

PRÄSIDENT:

Wie haben Sie erreicht, daß alle bleiben?

DICHTER:

Sie sind von meiner Dichtung überzeugt,
weil sie dem Tode gegenüber standen.
Die Spielenden sind lauter Kriegsverletzte
und in den Krankenhäusern hier geheilt.
Sie möchten mit dem Spiel erkenntlich sein.
Im Spielen haben sie den Ernst erfahren,
der in dem Worte liegt, der einzigen Wehr,
die ihnen noch gegeben ist: Dem Schwert
des Geistes. — Jetzt, in dieser Stunde,
da jede andre Waffe nutzlos ist,
die Gottesrüstung, die der Genius
an sie verliehen, feige abzulegen
und die Berufung preiszugeben, wäre
Verrat am Wort, aus dem die Welt entstanden,
das Mensch geworden, bis zum Ende bleibt,
und sollte alles andre untergehn.

4

OBERSCHWESTER:

Was hat denn — Spartacus damit zu tun?

DICHTER:

Das werden grade Sie am besten sehen,
wenn dieses Sklavenschicksal sich enthüllt.

OBERSCHWESTER:

Sein Tod? Der liegt mir fern und sagt mir nichts.

DICHTER:

Sie selber waren, als mir die Idee
zu meinem Drama kam, zugegen.

PRÄSIDENT:

                  Nun?

DICHTER:

Ich kämpfte, wie Sie wissen, an der Front
und wurde nach der ersten Schlacht daselbst
mit andern Kriegsverletzten aufgefunden.
Drei Schreckenstage hatte ich gelegen
in einem Bombentrichter, halb verschüttet,
bewußtlos, als die Hilfe endlich kam.
Ich hörte schreien, schlug die Augen auf
und sah, wie der Chirurg zum Messer griff,
dem Nebenmann das Bein zu amputieren.
Und Sie, als Schwester, assistierten —

OBERSCHWESTER:

                  Ja.

DICHTER:

Ihr Antlitz war wie eine Totenmaske,
im Miterleben seiner Qual erstarrt.

OBERSCHWESTER:

Der Brand war bis zur Hüfte fortgeschritten.
Wir mußten uns zur Operation
sogleich entschließen, auf dem freien Feld
und ohne irgend ein Betäubungsmittel.

PRÄSIDENT:

Wie pflichtvergessen, keine mitzuführen.

OBERSCHWESTER:

Medikamente und Verbandzeug waren
schon längst verbraucht. Wir gaben unsre Hemden,
um Wunden zu verbinden, Blut zu stillen...

DICHTER:

Der arme Füsilier, ein Knabe noch —
Als ihm die Knochensäge in das Fleisch
— o gräßliches Gewimmer — fuhr, da stieg
im Anblick seiner fürchterlichen Folter
ein längst versunknes Bild in mir empor,
das auf der Schulbank mich gemartert hatte:
Die Sklavenscharen, an das Kreuz geschlagen,
als Spartacus im Kampf gefallen war.
Sechstausend waren es, die damals schrien.

Lebendige Alleen! Menschenpappeln,
an denen rotes Blut hernieder tropfte.
O Marterweg von Capua bis Rom!
— Das schaute ich beim Schreien des Soldaten
und sah die Leidensstationen weiter
durch die Jahrhunderte hindurch verlängert
bis heute, wo sie, ach! kein Ende nehmen.
— Dies Schicksal würde ewig wiederholt,
wenn Christus nicht herabgestiegen wäre,
vom Himmel her, von seiner Sonnenheimat.
Denn Heiland wollte Helios ja werden,
als Licht der Welt die Erdenschwere tragen,
als Gott, in einem Menschenleib gekreuzigt,
aufheben wollte er die alte Schuld,
schuldlos am Fall, ein neues Dasein schaffen.
Und hinter ihm schritt eine Schar von Seelen
in weißen Kleidern und in Flügelhauben.
Da sah ich in dem lichten Heere — Euch,
die auf der dunklen Erde helfen wollen.

OBERSCHWESTER:
Mit schwacher Menschenkraft.

DICHTER:
                                    Mit Kraft von Engeln.

(Signale ertönen)

PRÄSIDENT:
Das Schwerste naht.

52

DER VERWALTER (stürzt herein):

Der Feind ist in der Stadt!
Die Straßen plötzlich voll mit Marschkolonnen,
und alle Hauptgebäude schon besetzt.
Was tun?

PRÄSIDENT:

Nichts anderes als unsre Pflicht.
An Ort und Stelle, wo ein jeder steht.
Die Arbeit weiter führen wie bisher,
solang es geht, wie es beschlossen wurde
in unsrer Sitzung. – Wenn man nach mir fragt,
so sagt, ich sei im Schauspielhaus und sehe
das neuste Stück von unsrem Dichter an.

DICHTER (mit aufstrahlender Freude):

Sie anerkennen das Motiv der Handlung!

PRÄSIDENT:

Ich möcht am liebsten selber mittun.

DICHTER:

Dank!

VERWALTER:

Einstweilen schau ich überall mich um.

OBERSCHWESTER:

Zu meinen Sterbenden kehr ich zurück.

(Beide ab)

53

DICHTER:

Beginnen wir! (Er ruft hinter den Vorhang) Ist jedermann bereit?
So sammelt euch und tretet vor die Rampen!

(Die Schar der Schauspieler stellt sich vor dem Vorhang auf: Heerführer
und Krieger des alten Rom, Matronen und Vestallinnen, Frauen nnd Männer, Gladiatoren und Sklaven, wie sie nachher im Zwischenspiel erscheinen.
In der Mitte SPARTACUS mit Schwert und Schild, in thrakischer Rüstung.)

DICHTER:

Ihr alle wißt es, welch ein schweres Schicksal
sich über unsrer Stadt zusammenzieht,
wie blitzgeladen diese Wolke ist.
Doch über ihrer Schwärze strahlt ein Licht,
mit dem wir einst herabgestiegen sind,
um unser Erdenwerk hier zu vollbringen,
auf das der Ausgang meiner Dichtung weist.
Mit Himmelshilfe hab ich sie vollendet.
Leiht Ihr dem Dichter eure Erdenhilfe?

SPARTACUS:

Selbst in der Sterbestunde spielen wir.

DICHTER:

Wohlan! Macht euch bereit! Die erste Szene!

(Indem die Schauspieler im Begriffe sind, wiederum zu verschwinden,
erscheint plötzlich der FELDHERR mit seinem Stab. Ihm zur Seite der
JUSTIZFUNKTIONÄR, alle in schwarzer Uniform. Der Feldherr selbst mit
Silberschnüren vor der Brust. Er tritt vor.)

54

FELDHERR

Komödianten! Fort! Hinweg mit ihnen!
(Der Platz vor den Rampen wird geräumt)
Stellt Wachen aus!
(Er schaut ringsum)
                    Wir werden hier beraten.

Die Generäle: — Bitte, Platz zu nehmen!
(Alle setzen sich zu beiden Seiten der Bühne)
(Der Dichter und der Präsident stehen wie bisher auf der rechten Seite vorn)

FELDHERR (sich weiterhin umschauend):

Der Präsident des Roten Kreuzes ist,
so hör ich, im Theater.   Wo?

DER PRÄSIDENT (tritt vor)

FELDHERR:
                    Sind Sie
der pflichtvergeßne Mann, der mit dem Leben
von der Bevölkerung spielt, in dieser Stunde,
und der Verantwortung entfliehen will?
Sie hatten dem Befehle nachzukommen,
den ich erteilte. Doch Sie weigern sich.
Die Stadt ist nicht geräumt, wie ich verlangte.
Was haben Sie darauf zu sagen?

PRÄSIDENT:
                    Nichts,
als daß wir pflichtgetreu, nicht pflichtvergessen
auf unsern Posten, bei den Kranken, bleiben.

55

FELDHERR:

Sich hier belustigen!

PRÄSIDENT:

Uns hier besinnen!

FELDHERR:

Sie widersetzen sich! So führt ihn ab!
In das Gefängnis! Vor das Standgericht!
Die Klage lautet: Desertation
des Präsidenten von dem Roten Kreuz.
Kein Wort mehr, eh Sie vor dem Richter stehn!

PRÄSIDENT:

Das büß ich jetzt. Ich hätte meine Kranken
nicht einen Augenblick in ihren Betten
auf meinen Beistand warten lassen dürfen,
selbst meinem Freund, dem Dichter, nicht zu lieb.

FELDHERR:

Verlogenheit sich selber gegenüber.
Ich hasse solche Skrupulanten. Fort!
(Der Präsident wird abgeführt)

DICHTER:

Ich hab ihn überredet herzukommen.
Wenn Schuld vorhanden ist, liegt sie bei mir,
der dieses Stück geschrieben hat — für Sie,
den Feldherrn von Paganien.

FELDHERR:

                  Für mich

ein Stück? Sehr kühn! Wie heißt es?

DICHTER:

                  Spartacus.

FELDHERR:

Ich warne Sie vor jeder Parallele.

DICHTER:

Zwiespältig steht sein Genius vor mir.
Ein Rachegeist und glänzender Stratege!
Hart an den Abgrund hat er Rom gebracht,
den Massenabschaum gräßlich aufgerührt,
um ihn zur Läuterung empor zu führen,
sank selber unter, bis zuletzt ein Held —

FELDHERR:

O ich durchschaue die Tendenz des Stückes.

DICHTER:

Tendenz? Es spricht darin nur Menschentragik,
die immer Größe hat, trotz der Verirrung.
Und deshalb möchten wir vor Ihnen spielen.

FELDHERR:

Als Demonstration, ob sich die Größe
von Spartacus mit meiner Größe mißt?
(Nach einer Pause)

Vor Menschengröße, nicht vor Gottesmacht,
— denn diese werd ich niemals anerkennen —
gebührt auch mir, sich Rechenschaft zu geben.
Ich weiß sehr wohl, man wirft mir vor, ich strebe
nach Weltherrschaft. — Als hätt es jemals Sinn,
zu herrschen, ohne die Vollkommenheit
des Herrschers zu erstreben! Aber wo
ist ohne Weltherrschaft Vollkommenheit?
Und haben denn die größten Dichter nicht
das Weltmonarchentum gepriesen?

DICHTER:
                              Ja,
auch wenn es unterging.

FELDHERR:
                    Der Untergang
der Sonne ist so herrlich wie der Aufgang.

DICHTER:
Sie rechnen mit dem Tod?

FELDHERR:
                    Und mit dem Leben,
das nachher kommt, doch nicht im Jenseits, nein!
Hier auf der Erde, die ich unterwerfe,
in dem geeinigten Planetenstaat,
wo mir der goldne Herrscherthron gebührt,
wie euch im Gottesreich ein Dienersitz.
Zu diesem Zwecke taugen alle Mittel,

weil ich den eignen Tod mit einbeziehe
und mir das Menschheitsziel vor Augen steht,
das ich als Führer meines Volks erfülle.
Drum bin ich unfehlbar in den Befehlen
und fordere von jedermann Gehorsam.
Man wird erkennen: Die Geschichte gibt
mir Recht, die kommende, vor der vergangnen.

DICHTER:

Dann brauchen Sie Vergangnes nicht zu scheuen
und können mich, den Dichter, spielen lassen.
Die Panzer, die wir tragen, sind aus Pappe,
mit Silber- und mit Goldpapier beklebt,
und die Theaterschwerter abgestumpft.
Die Wunden, die wir schlagen, sind nur Schein.
Allein das Spiel ist echt.

FELDHERR:
                    Wohlan so spielt!
Doch eines sag ich euch: Wer wider uns,
und wären es auch Narren, wird es büßen.
(Der Dichter tritt hinter den Vorhang)

FELDHERR (zum Justizfunktionär):

Das Spiel ersetzt mir die Gerichtsverhandlung.

JUSTIZFUNKTIONÄR:

Sie wollten mir Instruktionen geben!

FELDHERR:

Die zehn Gebote, hier, sind auszufertigen.

Erstens:

Der Name Gottes ist fortan verboten.

Zweitens:

An seine Stelle tritt mein eigner Name.

Drittens:

Die Kultusstätten werden zugeschlossen.

Viertens:

Die Antichrist-Bewegung wird eröffnet.

Fünftens:

Die früheren Beamten sind entlassen.

Sechstens:

Die Gelder und die Güter eingezogen.

Siebtens:

Das Rote Kreuz von Stund an aufgehoben.

Achtens:

Sein Präsident vor das Gericht gestellt.

Neuntens:

Vernichtung alles unheilbaren Lebens.

Zehntens:

Der Sender gibt dies überall bekannt.

(Justizfunktionär ab.)

(Schwerterklang als Zeichen zum Beginn des Spiels.)

ZWISCHENSPIEL

ERSTES BILD

AMPHITHEATER IN CAPUA

Der Menschenkäfig, worin Spartacus gefangen ist, bevor er zum Zweikampf in die Arena geführt werden soll, wird sichtbar: Ein Steinverließ mit einer Pritsche und einem irdenen Wasserkrug.

SPARTACUS gerüstet im Hintergrund.

Zwei bewaffnete Soldaten bringen ihm Schwert und Schild.

Ein GEFÄNGNISWÄRTER führt ENNOIA, die Gattin des Spartacus, herein, damit sie von ihm Abschied nehme.

GEFÄNGNISWÄRTER:

Du darfst noch einmal deine Gattin sehn,
bevor du stirbst. Denn daß du sterben mußt,
auch wenn du noch so oft im Zweikampf siegst,
ist dir gewiß. — Ich laß euch jetzt allein.

(Mit den beiden Kriegern ab)

SPARTACUS:

Du kommst, o Tapfere, zu mir. Warum?
Nachdem wir beide doch beschlossen hatten,
erst nach dem Tod uns wiederum zu sehen!

ENNOIA:

Ich schaute dich im Traume, heute nacht,
mit Schild und Schwert bewehrt. Doch nicht als Toten.
Als Lebender, wie jetzt, standst du vor mir.

Von deinem Schwerte gingen Flammen aus,
und das Gorgonenhaupt auf deinem Schild
war in ein Sonnenangesicht verwandelt.
Es folgten ungezählte Scharen dir,
von allen Seiten strömten sie heran,
sie wälzten dem Gebirge sich entgegen.
„Nach Norden", hört ich eine Stimme sagen,
und sah, wie über deinem Haupt erschien:
– o Spartacus! Errate, wer? – Ich selbst!
Ich schlug die Fittiche um dich, ich rief:
Besiegen wirst du deine Widersacher,
solange du dem Rat der Gattin folgst.

SPARTACUS:

Der Rat der Gattin war, mich selbst zu töten,
damit ich nicht zum Menschentiere werde,
mich nicht entwürdige in der Arena.

ENNOIA:

Der Rat der Gattin war's, die sterblich ist.
Doch die Unsterbliche, sie bittet: Kämpfe!

SPARTACUS:

Ich freue mich an meinen Waffen nur,
wenn sie von diesem Leiden mich erlösen.
(Er greift nach seinem Schwerte)

ENNOIA:

Halt ein, o Spartacus!

DER GEFÄNGNISWÄRTER (eilt auf Ennoias Schrei herbei):

Weg! Auseinander!
Die Römer wollen sehen, wie du siegst.

ENNOIA:

Drum sag ich: Lebewohl!

SPARTACUS:

Und ich: Stirb wohl!
(Die Krieger führen Spartacus hinaus)
(Ennoia wendet ihren Blick zum Himmel)

★

Die Arena erscheint.

Die Sitzreihen steigen stufenförmig empor und sind abgeschlossen von einer hohen Außenmauer, hinter der sich römische Paläste türmen.

Die Vornehmen (Senatoren und Ritter mit ihren Frauen) sitzen in der Mitte.

Oben das Volk.

In der Tiefe, unter der Erde, sind die Gelaße für die Gladiatoren, aus denen sie emporsteigen.

Der Eingang für die Zuschauer ist im Hintergrund.

GNAEUS LENTULUS, der Spielgeber mit seiner GATTIN, und MARCUS CRASSUS treten als letzte ein und setzen sich auf ihre Plätze.

LENTULUS:

Was gibt es Neues, Crassus?

CRASSUS:

                    Nur das Alte,
das jeder weiß und niemand sagen darf.

LENTULUS:

Das ist?

CRASSUS:

           Metellus und Pompejus haben
in Spanien auf ihren Kopf bekommen.

LENTULUS:

Das schadet nichts. Der Krieg da draußen lenkt
uns von dem Bürgerzwist im Innern ab.

CRASSUS:

Nicht auf die Dauer. Die Getreidepreise
sind hochgestiegen und der Pöbel knurrt.
Ich fahre morgen schon nach Rom zurück,
um dem Senat zu melden, was ich fürchte.

LENTULUS:

Was fürchtest du?

CRASSUS:

             Daß die Piraten wieder
die Küsten von Sizilien blockieren.

LENTULUS:

Wir warten nur, bis sie ans Ufer kommen,
sie gleich mit unsern Truppen abzufangen.
Ich hab schon Unterhändler ausgeschickt,
um den Bedarf an Sklaven mir zu decken.
Die Gladiatoren sind fast aufgebraucht.
Seeräuber, nervig, muskulös und zäh,
bedeuten eine gute Geldanlage.
Der Umsatz darf nicht stocken, und das Blut,
das fließt, muß wiederum erneuert werden.
Es ist der einzige Handel, der sich lohnt.
Wer etwas für das allgemeine Wohl
der Republik zu tun gedenkt, braucht Sklaven
im Haus und auf dem Felde: Köche, Tänzer,
Erzieher und Gelehrte, — Gräculi,
den eignen Kindern Bildungsschliff zu geben.
Vor allem aber hab ich Krieger nötig,
um meine Fechterschule auszufüllen.

DIE GATTIN DES LENTULUS:

Mein Gatte ist ganz anders, als er spricht.
Ihm graut vor dieser Schlächterei.

LENTULUS:

                Wie dir!

CRASSUS:

Wie jedem, der von edlem Blute ist.

LENTULUS:

Und dennoch gibt es keine andre Wahl.
Die Masse selber nötigt uns dazu.
Sie wird nur durch den Zirkus abgehalten,
uns an den Leib zu gehn.

CRASSUS:

Sie lechzt nach Blut.

LENTULUS:

Mir wurde vom Senate sehr empfohlen,
die Kämpfer auszubilden und ich tu's
aus Bürgerpflicht, dem Staate nur zu lieb.

(DER ZUG DER GLADIATOREN, die an diesem Tag auftreten sollen,
schreitet die Runde der Arena ab)

Da kommen sie, die Gallier und Thraker,
die Dakier, Sueben, Skythen, Neger.
Die Riesen dort, die stammen von dem Rhein.
In diesen Brustkorb könntest du bequem
den Stuhl hier setzen und dich selbst darauf.
Das ist doch ein Vergnügen anzuschauen!
— Jetzt muß ich wohl dem Pöbel etwas sagen,
das ihn umnebelt über unsre Absicht,
damit der Staat die Herrschaft über ihn
bewahrt, trotz dem Zerfall der Götterlehren,
bis die Regenten selbst vergöttlicht sind.

CRASSUS:

Regenten? Welche?

68

LENTULUS:

Crassus und Pompejus.

CRASSUS:

Er oder ich! Nicht beide!

LENTULUS:

Siehst du jetzt,
wie gut es ist, daß er in Spanien bleibt,
indeß wir hier für deine Sache werben.
Und dazu dienen eben diese Spiele.
Das ist der Grund, den Krieg nicht abzuschaffen.
Schweig still und lach bei meinen Sprüchen nur
mit deinem Weisheitszahn, den niemand sieht.
(Er erhebt sich und wendet sich an die Zuschauer)
Ihr Bürger und ihr Bürgerinnen, hört!
— Die Kämpfe, die ihr sehen werdet, sind
das Gleichnis eines höhern Weltgeschehens.
Sie sollen euch die Götterziele weisen.
Schon die Arena zeigt in ihrem Rund
den Lauf der Sonnenbahn um unsre Erde,
das heißt, um ihren Mittelpunkt, um Rom,
die Republik, um Jeden unter euch.
Den Kampf des Tages- mit dem Nachtgestirn,
die ihre Kreise an dem Himmel ziehen,
erblickt ihr hier, im menschlichen Geschlecht,
das noch nicht über sich Gewalt erlangt,
wie Rom, das sich den Erdkreis unterwarf,
in diesen Rassen, die zurückgeblieben,

69

den Kriegsgefangenen der fremden Völker,
sogar in ihren höchsten Exemplaren.
Wenn sie mit ihren Schwertern sich erlegen,
so zeigt dies, was wir selber längst errungen:
Unsterblichkeit, zum ewigen Ruhme Roms!
(Beifall der Menge)

GATTIN:
Wie Gold sind deine Worte.

CRASSUS:
                    Gut gelogen.

LENTULUS (fährt in seiner Rede fort):
Dreiteilig, teure Freunde, sind die Spiele.
— Zuerst, wie es von alters her die Sitte,
beschimpfen sich die Kämpfer gegenseitig.
— Dann prallen sie mit Schild und Schwert zusammen,
bis einer an dem anderen verblutet.
— Und drittens bringt man für das Publikum
zur Mahlzeit einen durchgebratnen Ochsen
mit Messern und mit Spießen rund besteckt,
daß jeder seinen Anteil selber hole.
Er wartet draußen auf dem Wagen schon.

STIMME AUS DER MENGE:
Wir riechen ihn bereits.
(Gelächter der Menge)

LENTULUS:

Ich hab gesprochen.

(Der Zug der Gladiatoren ist unterdessen vorübergeschritten und wiederum
verschwunden bis auf die beiden letzten Kämpfer SPARTACUS und
KRIXUS, die sich in der Arena gegenüberstehen.)

DIE GATTIN:

Wer sind die Beiden?

LENTULUS:

Spartacus und Krixus,
das Paar, das mit dem Kampf beginnen soll.

DIE GATTIN:

Der Strahlende mit seinem Flammenschwert,
er schreitet wie ein Gott.

LENTULUS:

Die Spartaciden
entstammen einem fürstlichen Geschlecht.

DIE GATTIN:

Sein Muskelspiel ist Himmelsmelodie.

LENTULUS:

Der Dunkle hinter ihm, der wie ein Schatten
auf seinem Fuße folgt, im Bärenfell
und mit dem Dolch, das ist ein Gallier.

CRASSUS:

Er schleicht um ihn und späht nach seinen Schwächen.

EIN HEROLD (tritt auf und stellt die Gladiatoren vor):
Die Todgeweihten: Spartacus und Krixus.

DIE MENGE (ruft):
Gegrüßt sei Spartacus! Gegrüßt sei Krixus!

LENTULUS:
Sie stehen stumm, erwidern nicht den Gruß.
Das macht die Menge bös.
(Laut)
                        Beginnt den Kampf!

DIE GATTIN:
Der Herrliche legt seinen Schild zur Erde.

CRASSUS:
Das Schwert ist ihm genug, um sich zu schützen.

DIE GATTIN:
Ach, soll das Sichelmesser seines Feindes
den Leib, der wie im Tempelreigen sich
bewegt, zerfleischen? Brich die Spiele ab!

LENTULUS:
Die Menge will sie, Liebste, und nicht ich.
(Krixus umkreist den Spartacus, der stillgestanden ist und das Schwert,
in das er sich hineinzustürzen gedenkt, vor seiner Brust hält)

KRIXUS (zu Spartacus):

Welch niederm Volke bist du angehörig,
daß du im Augenblick des Todes noch,
bevor mein Schwert dich fällt, den eitlen Frauen,
noch eitler als sie selbst, gefallen willst!
Du bist in deiner Eitelkeit so widrig,
wie diese Fratze dort auf deinem Schild:
Das Krötenauge und die Schlangenzunge.
Willst du die Hexen in der Unterwelt
mit deinem Wort und deinem Blick verführen,
wenn ich dir nun das Haupt heruntersichle?

SPARTACUS:

Zwar werd ich in den Hades niedersteigen,
doch nicht von deiner Hand hinabgeschickt.
Auch werd ich dort nicht Furien erblicken,
die mich verfolgen, um mein Blut zu saugen,
noch Lamien, die meinen Sinn verführen.
Nein, meine Gattin werd ich wieder finden,
die mir den Weg zum Heiligtum bereitet,
wo Helios uns selber segnen wird,
weil wir im Tod uns treu geblieben sind.
Das ist es, was zum letzten Gange mich
mit Fröhlichkeit erfüllt: Ich geh zu ihr!

(Er will sich in sein Schwert stürzen)

KRIXUS (fällt in seinen Arm und hält ihn umklammert)

SPARTACUS:

Was hinderst du mich an der einzigen Tat,
die mir noch Ehre bringt —

DIE GATTIN DES LENTULUS (fällt in Ohnmacht)

LENTULUS (in die Arena rufend):
    Halt ein!

DIE GATTIN:
       Ach!

DIE MENGE (die zu toben beginnt):
         Töte!

CRASSUS:

Die Regel ist verletzt. Der erste Teil des Spiels,
das Schimpfen, ganz mißlungen.

LENTULUS (um die Gattin sich bemühend):
        Komm zu dir.
Er lebt noch und soll weiter leben.

DIE MENGE (immer wilder):
       Peitsche!
(Wärter mit Geißeln springen in die Arena, um die Gladiatoren anzutreiben.)

LENTULUS:

Wir unterbrechen diesen Kampf!

DIE GATTIN (kommt wiederum zu sich):

Hab Dank.

CRASSUS:

Mir scheint gefährlich, aufzuhören.

DIE MENGE (in Raserei):

Brenne!

(Wärter mit Flammenwerfern nahen dem Paare, das sich immer noch um-
schlungen hält.)

KRIXUS (erschüttert):

O Spartacus, verzeihe mir die Schmähung.

SPARTACUS:

O Krixus, warum hältst du mich zurück?

KRIXUS:

Weil ich nicht leben möchte ohne Freund.

SPARTACUS:

So laß uns beide untergehn, als Brüder
und auferstehn als Dioskurenpaar.

CRASSUS:

Sieh Lentulus, der Pöbel senkt den Daumen,
denn er begehrt den Tod des Spartacus.

(Die Menge macht das Zeichen, daß sie nach dem Todesstreich verlangt,
dreimal hintereinander.)

Zum ersten — zweiten — dritten Mal! — Mach Schluß!
Die Leute werden bei der nächsten Wahl

75

uns ihre Stimmen nicht mehr geben. Was dann?
Unpopulär: Das schlechteste Geschäft.
Die wollen Blut sehn!

DIE MENGE:
(In rhythmisch donnernder Wiederkehr des Rufes)
                    Peitsche! Brenne! Töte!

CRASSUS:
Es geht jetzt nicht mehr ohne Schlächterei.

LENTULUS:
Nun denn, sie sollen ihren Ochsen haben.
(Er wendet sich wieder an die Menge)
Hört mich, ihr Freunde.

DIE MENGE:
                    Peitsche! Brenne! Töte!

LENTULUS:
Es soll euch nichts verloren gehen, Bürger.
Trotz einer kleinen Änderung im Spiel.
Punkt eins: Das Schimpfen hat euch nicht befriedigt.
Es wird deswegen später wiederholt.
Punkt zwei: Der Schwertkampf muß verschoben werden.
Vertauscht mit —

DIE MENGE:
                    Peitsche! Brenne! Töte!

LENTULUS:

— Punkt drei: Jetzt kommt der Ochse angefahren,
den wir gepeitscht, getötet und gebraten,
damit wir uns an seinem Fleisch ergötzen.
He Wärter, schnell! Fahrt ihn herein! Schnell! Schnell!
Die Leute haben Hunger! Wird es bald?

AUFSEHER:

Die Pferde, die den Wagen ziehen, sind
schon ausgeschirrt.

LENTULUS:
                    So schirrt die Sklaven an.
(Die Menge jauchzt. Spartacus und Krixus werden aus dem Auge gelassen.)

KRIXUS:

Ich bin bereit zu sterben, so wie du.

SPARTACUS:

Drum laß mich los und halte mir das Schwert,
um mich hineinzustürzen.

KRIXUS: Vorher will
ich meine Adern mit dem Dolche öffnen.

DER AUFSEHER (tritt mit einer Sklavenschar heran. Zu Spartacus und
Krixus):

Heda, helft mit! Gebt eure Waffen her!
Legt euch ins Zeug und faßt die Deichsel an.
(Der Ochsenleib wird auf einem grüngeschmückten Wagen von einer
Sklavenschar in die Arena gezogen. Sein Rücken ist mit Messern und Spießen
gestachelt.)

LENTULUS:

Ich hoffe, daß er durchgebraten ist.
Sonst röstet ihn noch an den Flammenwerfern.
Gebt mir ein Stück. Ich will es selbst probieren.
Schneid einen Riemen von dem Schinken ab.
Mit Zubehör: Oliven, Kapern, Kresse,
mit Kümmel, Pfeffer und ein bißchen Senf.
Wo ist der Koch her? Aus Sizilien?
Dort kommen alle guten Köche her,
wie Plato schon mit Recht behauptet hat.
Was sagst du, Freund? Der Bauch sei ausgefüllt
mit Hühnern, Fischen, Austern, Champignons,
mit Früchten und Gemüsen aller Art?
— Nun aber lasset die Armeen der Schüsseln
und Trinkgeschirre aufmarschieren. Schnell!
Ein guter Koch muß auch Stratege sein!
(Die Köche wollen ihr Werk beginnen)

SPARTACUS:

Der Opferstier stillt ihre Blutbegier.

KRIXUS:

O Spartacus!

SPARTACUS:
                    Du zitterst!

KRIXUS:
                    Reiß das Schwert
dem Wächter aus der Faust. Wir brechen durch.
Du stürme gegen die Tribünen hin,

wo unsre Mörder sitzen. — Nur zum Schein,
um sie in Schreck zu setzen, während ich
mit einem Sprung beim Tore bin und dort
den Weg uns allen in das Freie bahne.
Erst rechts, dann links, im Zickzack, mit Geheul!
Und ihr, Gefährten, zieht die Küchenspeere
und Messer aus dem Ochsenrücken, stoßt
sie euren eignen Schlächtern in den Leib.
Mir nach, ich werde euch die Bahn bereiten.
(Ein Teil der Sklaven folgt Spartacus mit den erhobenen Waffen gegen die
Balustraden, der andere Krixus gegen den Ausgang der Arena.)
(Unter den Zuschauern bricht eine furchtbare Panik aus, während welcher
es der Schar gelingt, zu entfliehen.)

DIE GATTIN:
Er wird uns alle töten.

LENTULUS:
Hunde her!
Damit wir sie zu Tode hetzen! Auf!
Zur Sklavenjagd!

CRASSUS:
Ein dummes Abenteuer!
Rom wird darüber lachen, Lentulus.

ZWEITES BILD

AM ABHANG DES VESUV

Die Sklaven und Gladiatoren halten sich nach ihrer Flucht aus dem Amphi-
theater in den Schluchten des Vesuv verborgen. Der Berg, der damals als
erloschen galt, ragt im Hintergrund als Kegel empor. Reben überwachsen
seinen Boden.

Rechts ist der einzige Zugang zu dem Lager.

Links ein Steilabhang.

SPARTACUS und KRIXUS im Gespräch. Die Gattin des Spartacus,
ENNOIA, unter einem Rebenstocke voller Trauben.

KRIXUS:

Der erste Sieg, den wir errungen haben,
o Spartacus, bringt ganz Campanien
in Aufruhr. Ringsherum verlassen schon
die Sklaven Haus und Hof. Die kleinen Bauern,
die unter ihrer Landverschuldung leiden
und selber in Versklavung fallen müssen,
solang die Latifundien bestehen,
sie sehn in uns das Ende ihres Elends
und strömen uns von allen Seiten zu.
Erst waren sie Besitzer, hierauf Pächter,
dann mußten sie die Arbeitskraft verkaufen.
Für sie gibts nichts mehr zu verlieren dort
und alles zu gewinnen hier.

SPARTACUS:

Ich möchte

mir eine Hütte baun auf diesem Boden.
Spürst du, der Berg ist wie das Herz der Erde
von innen her erwärmt. Er würde gerne
die Früchte geben zu dem Friedensmahl.
(Zur Gattin)
Dann wäre auch dein Traum erfüllt, Ennoia.

ENNOIA:

Mein Traum —! Er wies nach Norden, nicht nach Süden!
Nicht hierher nach dem Traubenparadies,
das aus erloschnem Feuer uns erblüht,
nein, nach des Eisgebirges Überwindung,
nach Thrakien, wo unsre Heimat ist.

KRIXUS:

Und ich mit meiner Schar, wo soll ich hin?

ENNOIA:

Nach deinem Vaterland.

KRIXUS:

Das wäre Trennung.

ENNOIA:

Für freie Männer scheiden sich die Wege.

KRIXUS (zu Spartacus):

Du willst nach Thrakien, – ich soll nach Gallien.

SPARTACUS:

Du hast wie ich ein großes Ziel vor dir.

KRIXUS:

Doch wenn dein Ziel das gleiche ist wie meines:
Befreiung aller, die wie wir gelitten?

ENNOIA:

Was ich um ihn gelitten, ahnst du nicht!

KRIXUS:

Und um die andern, die noch immer leiden?
O Spartacus, um diese geht es jetzt.
(Man hört Hundegebell)

ENNOIA (flehentlich zu ihrem Gatten):

Befolge meinen Rat, solang es Zeit!
Hörst du die Hunde in den Schluchten bellen?
Sie haben unsre Fährte aufgefunden
und hetzen uns zu Tod.

KRIXUS:

                Habt keine Angst!
Nachdem wir Lentulus und seine Henker
mit unsern Küchenmessern abgetan,
sind wir mit ihrer Meute schnelle fertig.

ENNOIA:

Das Lager hat nur einen einzigen Ausgang.

KRIXUS:

Von dem aus wir die Feinde überfallen.
Denn jetzt beginnt der eigentliche Krieg,
gemäß dem Plan, den wir entworfen haben
und den es sogleich durchzuführen gilt.

SPARTACUS:

Sogleich? Wir überwintern am Vesuv.

ENNOIA:

Wir werden ausgehungert hier.

KRIXUS:

                    Drum fort!
Nach Süden, wo der Frühling schneller kommt!

ENNOIA:

Nach Norden, Spartacus, bevor die Römer
ein Heer versammeln und die Wege sperren,
nach Thrakien!

KRIXUS:

            Wie täuscht sich deine Gattin!

ENNOIA:

Mein Traum spricht wahr.

KRIXUS:

                Mein Wachen widerlegt ihn.

ENNOIA:

Nicht ich, der Himmel will es durch mich sagen.

KRIXUS:

Das Gegenteil befiehlt die Erde mir.
Das nächste Ziel kann nur Sizilien sein:
Die Hirten und die Schäfer aufzuwiegeln
und die Piraten für uns zu gewinnen,
um Afrika im Hintergrund zu haben,
wohin sie mit den Schiffen übersetzen.
Es muß Karthago wieder auferstehen.
Die Sklavenkriege flackern stets aufs neue,
seit es gefallen, um den Aetna auf.
Hier sind die Feuerkräfte, die wir brauchen,
um Rom und seinen Unrat auszubrennen.
Weil wir, die Führer, nicht im Glutenbad
der Unterwelt das Herz gehärtet haben,
ist diese Stadt vom Erdkreis nicht vertilgt.

ENNOIA:

O Spartacus, ich sehe eine Schlange,
die sich von unten her um deine Brust
geringelt hat und nach dem Haupt dir züngelt.

KRIXUS:

Verbiete deiner Gattin so zu reden.

SPARTACUS:

Verzeih der Sorge wegen, die sie drückt.

KRIXUS:

Ich seh nur ihren Abscheu gegen mich.

ENNOIA:

Nicht gegen dich, nur gegen deinen Dämon.

SPARTACUS:

Spricht nicht ein Dämon aus dir selber jetzt?

ENNOIA:

Ein guter, der dich retten will.

KRIXUS:
　　　　　　　　Und meiner,
so glaubst du, will es nicht? Er will noch mehr,
will alle retten. — Ach dein Widerwille
hat andre Gründe.

ENNOIA:
　　　　　　Welche denn?

KRIXUS:
　　　　　　　　Das Zeichen,
das mir die Römer auf die Stirn gebrannt,
als sie mich auf den Sklavenmarkt gebracht.

ENNOIA:

Weils häßlich ist?

KRIXUS:
　　　　　　Und das sie büßen werden,
um — deines Hasses wegen.

ENNOIA:
　　　　　　　　Haß? O nein,
nur Furcht, daß du mir Spartacus verdirbst.

SPARTACUS:

Als wäre ich ein Kind!

ENNOIA:

Ein Heldenkind,
wie Herkules, der nicht nur ein en Kopf
der Schlange abgeschlagen, sondern sieben,
weil immer wiederum das Hydrahaupt,
das abgehaune, nachgewachsen ist.

SPARTACUS:

Verletze unsern Freund kein zweites Mal!
Er hat dem Herkules an Tapferkeit
in manchem Kampf es gleichgetan. — Drum geh,
hol Trauben her, damit wir ihn versöhnen
und seine Stirn mit Rebenlaub umkränzen.
Dann wird man seine Wunde nicht mehr sehn.

(Ennoia setzt sich wiederum abseits, während Spartacus und Krixus das
Gespräch weiter führen. Aber statt Trauben zu pflücken und einen Kranz
zu winden, flicht sie aus den Ranken der Reben ein Seil.)

KRIXUS:

Wir müssen uns entschließen, Spartacus.
Nach Süden oder Norden. Und: — Wer führt?

SPARTACUS:

Längst hab ich den Entschluß gefaßt: Nach Norden!

KRIXUS:

Dann übergibst du also mir die Führung?

SPARTACUS:

Wer mir nicht folgen will, den führe du.

KRIXUS:

Es soll sich, meinst du, jeder selbst entscheiden?

SPARTACUS:

Ich seh für niemand einen bessern Weg.

KRIXUS:

Das ist ein Weg für Freie, nicht für Sklaven.

SPARTACUS:

Die mit mir gehn, sind keine Sklaven mehr.
Sie werden brüderlich beisammen wohnen.

KRIXUS:

Die bei mir bleiben, werden Herren sein
und unter sich die Erde neu verteilen.

SPARTACUS:

Und solltest du Pompejus selbst besiegen,
den größten Feldherrn Roms und Rom vernichten,
was ist die Folge? — Daß ein schlechtres Rom,
als jenes, aus dem Abgrund aufersteht,
und ein Pompejulus, der es regiert.
Rom kann durch dich nur kleiner werden, Krixus.

KRIXUS:

Welch tödliche Beleidigung!

SPARTACUS:

                    Nicht doch,
ich sage nur, daß du kein Römer bist.
Rom ist ja groß durch Usurpation
der Götterrechte, Schändung, Raub und Mord,
was dir, dem Gallier, zu Tod verhaßt.

KRIXUS:

Deshalb muß Rom jetzt durch den Tod hindurch.

SPARTACUS:

Du willst die Wut der Wölfin übertreffen?

KRIXUS:

Sie soll an ihrem eignen Fleisch es riechen,
wenn glühendes Eisen ihren Rücken röstet.

SPARTACUS:

Du willst die Rache?

KRIXUS:

                    Die Gerechtigkeit!
Nur durch vergoßnes Blut wird Rom belehrt.

SPARTACUS:

Und nach dem Blutbad?

KRIXUS:

                    Kommt die Neugeburt.

SPARTACUS:

Dann thronst du selber über der Arena,
wo früher die Patrizier gesessen,
treibst ihre Söhne eigens in den Tod.

KRIXUS:

Nein Spartacus! Das wird zu Ende sein,
wenn unser Leiden ausgeglichen ist.
Der Zirkus wird der Erde gleich gemacht.
Wir werden diese Stätte wiederum
dem eigentlichen Ursprungsziele schenken,
der Gottesschau —

SPARTACUS:
                    Ich staune über dich.

KRIXUS:

Doch diese Schau mußt du vom Himmel holen.
Ich selber kann es nicht.

SPARTACUS:
                    Und warum nicht?

KRIXUS (auf das Mal an seiner Stirne zeigend):

Das Eisen ist zu tief hineingedrungen.

SPARTACUS:

Vergiß.

KRIXUS:

        Ich kann dir nur die Wege ebnen.

SPARTACUS:

Die über blutgetränkte Erde gehn.
Wer tötet, kann die Götter nicht mehr schauen.

KRIXUS:

Dann wird sie — deine Gattin schaun und du
den Tempel baun, wo du das Ziel verkündest,
wie du es willst, nicht ich.

(Ennoia hat sich von ihrem Sitz erhoben und legt das Seil, das sie geflochten,
auf die Erde)

ENNOIA (leise seufzend):

Ach Spartacus!

SPARTACUS:

Das Ziel! Ich kann es nur im Norden sehn.

KRIXUS:

Du darfst die Freunde nicht im Stiche lassen.
Wir werden uns zersplittern ohne dich.
Der Skorpion, das herbstliche Gestirn,
regiert die Sklavenherde. Wenn die Sonne
sich nordwärts wendet, wird der Winter sie
vereinzelt in den warmen Käfig locken,

(Man hört die Hunde wieder heulen)

falls sie die Wölfin nicht zerrissen hat.
— Es gibt nur Eines: Kampf auf Tod und Leben.
Soll für die Untat keine Strafe sein?
Für das erlittne Unrecht niemals Sühne?
Soll dieser Handel mit der Menschenware

denn ewig dauern, immer uns der Stempel,
so wie dem Schlachtvieh, auf der Stirne stehen?
Gesetze gibt es, die erlauben, daß
uns Striemen Fleisch vom Leib geschnitten werden.
Kein Grab für unsere Eltern dürfen wir,
kein Testament für unsre Kinder haben,
die Ehe ist für uns nicht anerkannt.
Du und dein Weib, ihr wendet euch hinweg;
nicht nur die Lebenden läßt ihr im Stich,
auch von den Toten, die um Hilfe bitten,
kehrt ihr die unbarmherzigen Blicke ab.
Nach Norden, sagst du, aber glaubst du denn,
daß deine Götter dir die Heimat segnen,
wenn du das Glück für dich allein begehrst?

SPARTACUS (sieht wie Ennoia das Seil emporhält):
Was tust du denn?

ENNOIA:
            Ich flechte eine Leiter.

SPARTACUS:
Wie? Eine Leiter? Weshalb keinen Kranz?

ENNOIA:
Weil meine Hände gar nicht anders konnten.

SPARTACUS:
Warum?

ENNOIA:

Ach wär ich dessen mir bewußt!
Die Finger mußten dieses tun. Sie taten
es wie im Traum, als ich die Reden hörte,
die ihr geführt. Sie flochten, statt dem Laub,
dem goldnen, und den pupurblauen Trauben,
ein langes Seil aus diesen zähen Ranken,
weil ihr, so schien es mir, zum Hades steigt,
zum Feuerherd und nicht zum Himmelslicht.
Und eine Stimme hörte ich von oben:
„Halt diese Leiter fest, bis alle Freunde
herabgelassen und gerettet sind.
Als Erster steige Spartacus hinunter,
als letzte du"...

Und dann verwehte plötzlich
das Wort. Mir wars, als tönt es nach: Empor!
Empor? Und nicht hinunter wie bei dir?
Ich hatte wieder Flügel an den Schultern
und schwebte über deinem Haupt wie damals,
als ich im Traum den Ruf vernahm: Nach Norden

— — — — — — — — — — —

Horch auf den Rat Ennoias, Spartacus!

KRIXUS:

Schon wiederum ein Traumbefehl von dir!

ENNOIA:

Vom Hades, nicht vom Himmel!
(Sie bricht in Tränen aus)

92

SPARTACUS:

   Warum weinst du?

ENNOIA:

Ich weiß es nicht, was meine Hände wollen.
Wenn ich nicht an dem Seile weiterflechte,
so überkommt mich solche Traurigkeit,
als müßt ich sterben...

KRIXUS:

   Keinen Kranz für mich?

ENNOIA:

Verzeih mir, daß ich den vergessen habe.
(Ein BOTE läuft heran)

BOTE:

Wir werden totgeschlagen wie die Tiere,
die in die Falle gehn —

KRIXUS:

  Die Wächter —

BOTE:

    Fliehn!

SPARTACUS:

Mein Schwert!
(Andere Sklaven eilen herbei)

BOTE:

  Die ganze Schlucht ist voll von Kriegern.
Der Eingang mit gefälltem Holz versperrt.

KRIXUS:

Wir werden im Gestrüppe hängen bleiben.

BOTE:

Dahinter harrt das ganze Römerheer.

KRIXUS:

O könnten wir sie doch im Rücken packen.

SPARTACUS:

Folgt mir! Wir müssen durch! Ich geh voran!
(Er faßt Schild und Schwert)
(Feuer lodert auf)

BOTE:

Durch diese Feuerwand hindurch? Umsonst.

KRIXUS (den Steilabhang hinunterschauend):
Zu tief!

SPARTACUS:

    Ich bin zum Todessturz bereit.

ENNOIA:

O Spartacus, erprobe jetzt das Seil!
Wird es dich halten, wenn du daran hängst?
Ich bind es hier an diesem Aste fest.

94

SPARTACUS:

Es ist sehr stark. Halt fest! Laß dich hinunter!

ENNOIA:

Nein, du zuerst, so hat mein Traum gesagt,
da meine Hände es geflochten haben:
Als erster du, als letzte ich, folg jetzt
dem Rat Ennoias, deiner Himmelsgöttin...
— Komm Krixus, hilf! Bist du bereit?

SPARTACUS:

                   Ich bin's!
Und drunten stell ich mich mit beiden Armen,
dich zu empfangen, auf.
(Indem er sich am Seil hinuntergleiten läßt)
                So will ich immer
zu dir emporschaun, guter Schicksalsstern.

ENNOIA (sinkt von einem Pfeile getroffen hin):

Und ich zu dir hinab, wenn ich gestorben!

KRIXUS (fängt die Sinkende auf):

Ins Herz!

ENNOIA:

      Laß mich, ich kann mich selber betten.
Hier auf dem Rasen! — Rettet Euch! — Nach Norden!

KRIXUS:

Das heilige Leben ist aus ihr entflohen.
So darf ich sie auf meine Arme heben
und meinem armen Freunde bringen. — Kommt!

(Er hebt die Tote auf den rechten Arm und läßt sich mit der linken Hand am Seil hinab. Die andern folgen.)

DRITTES BILD

KAPITOL

Ratsversammlung der Senatoren. Sie tragen über der weißen Tunika mit den zwei senkrechten, roten Längsstreifen die Toga prätexta, das weiße Amtsgewand mit dem Purpursaum.

In der Mitte: DER ÄLTESTE. Links: Der VOLKSTRIBUN. Rechts: MARCUS CRASSUS.

Im Hintergrunde, auf erhöhter Stufe, die Eherne Wölfin, das Wahrzeichen Roms. Von dort geht der Blick auf das Forum, wo das Volk versammelt ist. Man sieht es nicht, hört aber seine Stimme.

DER ÄLTESTE:

Berichte, Marcus Crassus, was geschah,
bevor das Sklavenheer am Karstgebirge
Garganus in die Flucht geschlagen wurde
und Krixus fiel. Vor unserm Siege. Sprich!

CRASSUS:

Die Schlappen, meinst du?

ÄLTESTER: Sind nun aufgehoben.

CRASSUS:

Es lebt noch Spartacus.

ÄLTESTER: Er flieht nach Norden.

CRASSUS:

Die Botschaft ist ganz unverbürgt.

ÄLTESTER:

      Erzähle
von Anfang an den schimpflichsten der Kriege,
indeß wir die Bestätigung erwarten.

CRASSUS:

Ihr Väter und Verwalter Roms! — Ihr habt,
was sich in Capua ereignete,
das Ochsenlustspiel, schon genug belacht.
— Seitdem ist die Arena leer geworden.

VOLKSTRIBUN:

Was deine Einkunft sehr vermindert hat.

CRASSUS:

Weshalb ich auch zum Wohl des Volkes nicht
so viel wie früher spenden kann.

ÄLTESTER:

      Zur Sache,
und wenn es möglich ist, zusammenhängend.

CRASSUS:

So hört! — Es schickte der Senat hierauf
den Prätor Appius Clodius Glaber aus,
vor dem ich — leider ganz vergeblich — warnte.
Von Taktik hat er keine Spur. Er wollte
den Tiger in der Mausefalle fangen,

bekam ihn unversehens in den Nacken
und wurde selber von ihm totgebissen.
Das Resultat, weil man auf meinen Rat
nicht hörte: Drei Kohorten tote Römer!

ÄLTESTER:

Er war der Nächste in der Rangordnung.

CRASSUS:

Von unten. — Dann erwählte der Senat
Varinius, — auch wieder einen Prätor,
den nächsten in der Rangordnung.

ÄLTESTER: Von oben.

CRASSUS:

Wenn man nach unten schaut. Da hast du recht.
Varinius, der sich des Auftrags schämte
(denn er gehört zu den Patriziern
und ist kein Polizist, der Räuber fängt),
gab das Kommando an Cossinius,
den nächsten in der Rangordnung, nach ihm.
Der setzte sich gemütlich in das Bad,
um sich vom Müßiggange zu erholen,
und wurde von den Sklaven überfallen,
verlor mit seinem Leben das Gepäck,
die Kasse und die Amtsinsignien
und überdies den Adler Roms.

RUFE DER SENATOREN:
                          O Schmach!

99

CRASSUS:

Danach besann sich nun Varinius
auf seine Pflichten, schloß die Bande ein,
als sie bei ihrem Raube sich vergnügte,
und hätte sie mit Leichtigkeit erledigt,
wär er nicht einer altbekannten List
erlegen (ach, der Mann ist ungebildet
und kennt die Klassiker des Krieges nicht):
Die Sklaven schnürten nämlich in der Nacht
die Leichen der Gefallnen an die Pfähle
und gaben ihnen Fackeln in den Arm.
Ein Wächter ritt herum und stieß ins Horn,
als wäre noch das ganze Heer am Ort,
indeß sie alle hinterrücks entwichen.
Und so entkamen sie, und ihre Schar
wuchs mächtig an. Jedoch Varinius
tat nichts mehr und bezog sein Winterlager.

ÄLTESTER:

Warum erwähnst du nur das Mißgeschick
und die Erfolge nicht?

CRASSUS:

              Um euch zu wecken,
damit ihr nicht — der Rangordnung zu lieb —
der Republik den Untergang bereitet,
damit ihr einen rechten Feldherrn wählt.

ÄLTESTER:

Es haben unsre beiden Konsuln doch,
Corbilius und Gellius, bewiesen,
daß sie zwei treffliche Strategen sind.

CRASSUS:

Ich kenne diese Strategie sehr gut.
Sie widerspricht — trotz ihrem hohen Rang —
dem Stile Roms.

ÄLTESTER:
                    Und was sagt dieser Stil?

CRASSUS:

Vernichtung, gänzliche, bis auf die Wurzel.

ÄLTESTER:

Ist dies mit Krixus nicht geschehn?

CRASSUS:
                    Mit Krixus,
doch nicht mit Spartacus. Den läßt man laufen.
Man hofft, daß er sich aus dem Staube macht,
und daß, wenn er die Alpen überstiegen,
die Republik zur Ruhe kommt.

ÄLTESTER:
                    Gewiß.

CRASSUS:

Und wenn er nun von Norden wiederkehrt
mit einem Heer von Kimbern und Teutonen!
— Denn daß er jetzt an Rom vorüberzieht,
beweist nur seine große Feldherrnkunst.
Jetzt ist er zu geschwächt. Er will sich stärken.

ÄLTESTER:

Ich bin nicht deiner Ansicht, Marcus Crassus,
und stütze mich auf den Bericht der Sklaven,
die wir gefangen nahmen. Alle sagen,
daß Spartacus sich nach dem Frieden sehnt,
in seine Heimat wiederum begehrt.

CRASSUS:

Die Heimat, die ihn lockt, das ist sein Herz,
das für die Sklaven schlägt. O schlüg das Herz
von unsern Führern ebenso für Rom!

VOLKSTRIBUN:

Mißtraust du unsern Konsuln immer noch?

CRASSUS:

Ich werde Rechenschaft von ihnen fordern,
— wenn Spartacus zum dritten Mal entwischt.

VOLKSTRIBUN:

Willst du die Führung selber übernehmen?

CRASSUS:

Das würde nicht der Rangordnung entsprechen.
Pompejus ist der anerkannte Feldherr.
Und der Senat muß meine Wahl verneinen.

VOLKSTRIBUN:

Nicht doch, wenn du das Wohl des Staates willst
und nicht den eignen Vorteil.

CRASSUS:

                    Du beleidigst.

VOLKSTRIBUN:

Wie das? Ich denk, du bist ein großer Mann
und handelst so wie alle großen Männer,
gemäß der Rangordnung von deiner Größe.
Das hast du heute wiederum bewiesen
mit der Kritik, die du an uns geübt.
Nun schlage etwas Positives vor.
Das Negative ist nicht mehr am Platz.

CRASSUS:

Das Positive ist hier die Kritik!
Vorausgesetzt, daß unsre klugen Konsuln
nicht ihre Pflicht tun, muß ich drauf beharren,
daß man sie absetzt — und an ihrer Stelle
den Besten wählt.

VOLKSTRIBUN:

     Wer ist der Beste denn?
Ich meine, ausgenommen du.

CRASSUS:

        Pompejus,
wie ich bereits gesagt.

VOLKSTRIBUN:

     Gefährlich.

ÄLTESTER:

         Vorsicht!

CRASSUS:

Ich rate, ruft ihn her aus Spanien.

VOLKSTRIBUN:

Dann sind die Rechte des Senats verloren.

ÄLTESTER:

Dann macht er einen Staatsstreich gegen uns.

CRASSUS:

Dann wird er selbst die Rangordnung bestimmen.
(Unruhe unter den Senatoren)

EIN BOTE (tritt in die Versammlung)

ÄLTESTER:

Was bringst du?

BOTE:

    Gräßliches!

CRASSUS:

Die Niederlage?

BOTE:

Viel Grauenvolleres.

CRASSUS:

So rede, Mensch,
wir Römer sind an Schreckliches gewöhnt.

BOTE:

Nach unserm Sieg —

CRASSUS:

Ist es ein Sieg geblieben?

BOTE:

Ein Sieg, der in das Ungeheure wuchs.
Denn Krixus lag mit zwanzigtausend Leichen
dahin gestreckt.

ÄLTESTER:

Warum denn jammerst du?

BOTE:

Weil Spartacus für das gefallne Heer
ein Totenopfer ausgesonnen hat:
Es mußten die gefangnen Römer sich
wie einst in Capua die Gladiatoren
im Kreise um die Scheiterhaufen jagen
und gegenseitig in die Schwerter stürzen.
Die Sklaven schrieen: ,,Peitsche! Brenne! Töte!''

Und welcher Römer nicht den andern traf,
der wurde in die Feuersbrunst getrieben.

DIE SENATOREN (verhüllen ihre Häupter mit der Toga und brechen
in Klagerufe aus):
Ach! Weh!

BOTE:
    Das ist nicht alles.

ÄLTESTER:
              Weiter!

BOTE:
                    Spartacus
ist umgekehrt und wendet sich hierher.
Die Konsuln weichen aus —

CRASSUS:
              Sie weichen aus?

BOTE:
Die Tore Roms vor seinem Heer zu schützen.

CRASSUS:
Es werden sich in Rom Verräter finden,
die ihm von innenher die Tore öffnen:
Klienten, welche schlimmer sind als Sklaven
und König spielen möchten. Hört ihr sie?
(Man vernimmt vom Forum her den Ruf: Zum Kapitol!)
Die Gerne-Großen nah'n dem Kapitol.
Der Pöbel wird die Rangordnung bestimmen,
wenn der Senat sich nicht zusammenrafft.

VOLKSTRIBUN:

Man muß die Leute nur beruhigen.

CRASSUS:

Beruhigen? Benutzen! sollst du sagen.
Beruhigung nützt dem Senate nichts.
Er selber wird vom Pöbel überrannt,
wenn er sich nicht an seine Spitze stellt.

ÄLTESTER:

Was tun!

VOLKSTRIBUN:

    Sprich, wenn du einen Ausweg weißt!

CRASSUS:

Die Stadt muß hören, wie die Dinge stehn,
— so weit es nützlich ist für die Regierung.
(Zum Volkstribun)
Drum gehe auf das Forum und verkünde
die Unglücksbotschaft, aber nicht die ganze.
Nur ihren ersten Teil: Das Totenopfer.
Verschweige noch, daß Spartacus sich naht.
Sonst fährt der Schrecken in die Bürgerschaft,
wie damals, als sich Hannibal genaht,
schreit: Ante portas, jetzt vor Spartacus.
Die Panik könnte uns gefährlich werden.
Und plötzlich sitzen Spartaciden hier.

VOLKSTRIBUN:

Du übertreibst in deinem Pessimismus.

CRASSUS:

Daß du dir Beine machst und endlich gehst!
(Volkstribun ab)

ÄLTESTER:

Ich kann mir diese Wendung im Charakter
des Spartacus nur so erklären, daß
der Geist des Krixus ihn besessen hat.

CRASSUS:

O wären doch die Senatoren Roms
vom Geiste ihrer Väter so erfüllt.
(Die Menge auf dem Forum hat die Botschaft vernommen)
(Ihre Wehe-Rufe steigern sich und kommen näher)

CRASSUS (steigt die Stufen zu der Ehernen Wölfin empor und ruft
hinunter):
Ihr Bürger Roms! Die Wölfin wird euch rächen!
(Matronen und Vestalinnen dringen in die Senatsversammlung. Die Matronen
tragen weiße Stolen mit dunklen Mänteln darüber und Wollstreifen im
Haar. Die Vestalinnen weiße Gewänder und Stirnbinden, die auf die Schultern fallen. Sie stellen die Ampel mit dem heiligen Feuer zu Boden.)

MATRONE:

Die Wölfin? Lebt sie noch? — Ihr Senatoren,
durch eure Schwäche seid ihr schuld geworden.
Die Mütter nahen sich, um diese Schuld

zu sühnen auf dem Herd der Hestia.
Wir bringen hier das heilige Feuer mit,
verhüllen unser Antlitz jetzt vor euch.

(Alle Matronen bedecken ihre Gesichter, während die Vestalinnen die Flamme
emporheben und lodern lassen)

Ihr sollt uns nicht mehr in die Augen schauen,
solang ihr nicht die Schmach von euch gewaschen.
Wir werden eure schmutzigen Gewänder
nicht reinigen, bevor ihr selber rein.
Wir gehn zurück in das verlassne Heim,
verschließen uns und trauern um die Söhne.
O wie bereun wir, daß wir sie geboren.

(Mit verhülltem Antlitz gehen sie wiederum, gefolgt von den Vestalinnen,
und entschwinden in dem Schweigen.)

VOLKSTRIBUN (zurückkehrend):

Ich schlage vor und bitte Marcus Crassus,
die Rechte des Senats zu übernehmen.

CRASSUS:

Nur unter doppelter Bedingung.

ÄLTESTER:
                    Sprich!

CRASSUS:

Wenn zwei Gesetze, die vergessen sind,
von euch gebilligt werden.

ÄLTESTER:
                    Welche?

CRASSUS:

Erstens:
Die strengste Mannszucht unter meinen Truppen
und Dezimierung, wenn sie nicht gehorchen.
Und dann: Ans Kreuz mit den gefangnen Sklaven!

ÄLTESTER:

Wer einverstanden ist, erhebt die Hand.
(Alle tun dies)
Es sei.

CRASSUS:

Dann ende ich den Sklavenkrieg.

VOLKSTRIBUN:

Wir alle werden dich ins Feld begleiten,
um dir zu zeigen, daß wir dich verehren,
trotz diesem schändlichsten von allen Händeln.
Das, hoff ich, wird auch unsre Fraun versöhnen.

ÄLTESTER:

Ich schließe jetzt die Sitzung. — Seid gegrüßt!

VIERTES BILD

SCHLACHTFELD IN APULIEN

Am Fuß eines Hügelzuges.

Im Vordergrund Baum und Gebüsch.

Die Schlacht zieht vorüber. Römische Krieger verfolgen Sklaven.

SPARTACUS (von einem Waffengefährten gestützt, schwankt heran):

Ich kann nicht in die Schlacht zurück. Die Lanze,
die mich am Schenkel traf, zerschnitt die Ader.
Führ mich zum Busche dort. Verbinde mich.

WAFFENGEFÄHRTE:

Ach! hättest du bei Kampfbeginn das Pferd,
das dir die Freunde vorgeführt, bestiegen.
Jetzt könntest du mit Leichtigkeit entfliehn.

SPARTACUS (sich niederlassend):

Du weißt, warum ich es verschmäht.

WAFFENGEFÄHRTE: Du riefst:

„Sieg ich, so werd ich viele Pferde haben,
und unterlieg ich, brauch ich keine mehr",
erstachst das treue Tier mit deinem Schwert
und stürztest dich zu Fuß in das Getümmel.

SPARTACUS:

Um meinen Todfeind Crassus zu erreichen
und mit dem Menschenhändler abzurechnen.
Doch er entwischte mir. — Nun zahl ich selbst.
Der Blutverlust hat mich geschwächt. Lehn meine Schulter
an diesen Baum. Ich habe Durst. Hol Wasser.
Ich hör ein Bächlein über Kiesel gleiten.
Ein Brünnlein wie in meinem Heimatland.

(Sein Haupt neigt sich zum Schlaf)
(Der Waffengefährte verläßt ihn und flieht)

CRASSUS (mit einer Schar von Senatoren in voller Waffenrüstung zieht
vorüber, von Spartacus wie im Traum gesehen)

VOLKSTRIBUN:

Ich sah ihn sinken.

ÄLTESTER:

                  Seine Leiche hat
man aber nicht gefunden, scheint's, bis jetzt.

VOLKSTRIBUN:

Drei Römer schlug er nieder, eh er fiel.
Er hatte dich im Auge, Marcus Crassus.
Wir haben dich vor seiner Wut beschützt.

CRASSUS:

Und mich von einem Kampfe abgehalten,
der ehrenvoll für mich gewesen wäre.
Ihr sollt euch weniger um mich bekümmern.
Was greift ihr stets in meine Pläne ein!

ÄLTESTER:

Aus Sorge um die Republik und dich.

CRASSUS:

Ihr gönnt mir nicht den Sieg! Ihr fürchtet ihn!
Ihr glaubt, ich strebe nach dem Prinzipat!
Laßt das! Sonst werf ich das Kommando hin!

ÄLTESTER:

Du bist verärgert, jetzt, — nach diesem Sieg!

CRASSUS:

Erst wünscht ihr, allzusehr besorgt, Pompejus
aus Spanien zur Unterstützung her
und drängt mich so zu der Entscheidungsschlacht,
zu früh, so daß sie sehr gefährdet ist.
Dann hindert ihr mich wiederum, die Wurzel
des Sklavenaufstands gänzlich auszureißen.

ÄLTESTER:

Du bist sehr ungerecht. Erinnre dich:
Du selber warst es, der Pompejus rief,
als die berühmte Crassuslinie,
die du von einer Küste zu der andern
gezogen hast — ein Meisterwerk der Kriegskunst! —
von Spartacus durchbrochen worden ist.

CRASSUS:

Wenn ich dem Wunsche des Senates folge,
so sagt dies nur, daß mir das Wohl des Staates
mehr gilt als meine eigene Person.
— Im übrigen, das geb ich gerne zu,

ein taktisches Manöver, unvergleichlich,
das Spartacus an jenem Tag beging.
Er füllte in dem nächtelangen Schneesturm
den Graben auf mit Erde, Holz und Leichen,
brach aus mit mehr als hunderttausend Mann.
Frostgötter halfen ihm die Tat vollbringen,
wie immer, wenn es ihn nach Norden trieb.
Sein Unglück war, daß er dem Krixus folgte
und sich nach dessen Tod gen Süden wandte,
mit den Piraten unterhandeln wollte,
damit er nach Sizilien übersetze,
im Stich gelassen wurde, selber Floße
aus Fässern und aus Balken zimmerte,
bis sich der Orkus wider ihn empörte,
vom Sturm er an den Strand geworfen wurde.
— Er war an List und Tapferkeit sehr groß,
und klein ist, wer ihm seinen Ruhm vermindert.
Man wird noch lange seine Zickzackzüge
durch Bruttien, Lukanien, Apulien
studieren, seinen Genius zu verstehen.
Wie manches Römerheer hat er geschlagen
mit seiner unbotmäßigen Räuberschar.
Mir war bestimmt, den königlichen Sklaven,
zuletzt, in offner Feldschlacht zu besiegen.
Er starb, ihr saht es, wie ein Imperator!
Ich freu mich, daß er nicht gefangen wurde
und ich ihn nicht ans Kreuz zu schlagen brauche.
Trotz meiner Trauer —

ÄLTESTER:
　　　　　Warum trauerst du,
wenn der Triumph in Rom dich doch erwartet?

CRASSUS:

Sechs Legionen gab mir der Senat,
als ich den Kampf mit Spartacus begann.
Verweichlicht und verlottert waren sie.
Ein jeder wollte selbst den Feldherrn spielen,
bis ich den Unterführer Mummius,
der mir den ersten großen Sieg verdarb,
mit der Kohorte vor mich treten ließ,
fünfhundert Mann in fünfzig Gruppen teilte
und jeden zehnten Mann erschießen ließ.
Jedoch: Das Grauen kämpfte künftig mit.
(Er geht weiter. Die Senatoren hinten drein)

VOLKSTRIBUN (heimlich zum Ältesten):
So kann es jedem unter uns ergehen.

ÄLTESTER:

Wir werden Marcus Crassus trotz des Sieges
nicht den Triumph verleihn, nur die Ovatio.
Der Myrthenkranz gebührt allein Pompejus.
Denn ohne ihn entweichen sie nach Norden.
Er ist der Sieger über diese Horden.
(Das abziehende Gefolge verschleiert sich)
(Die Schar der toten Krieger mischt sich hinein)

DER SCHATTEN DES KRIXUS (im Bärenfell und mit dem Dolche wie
beim Gladiatorenkampf in Capua, tritt vor Spartacus)

SPARTACUS:

Du bist zurückgekehrt.

KRIXUS:

        Um dich zu holen.

SPARTACUS:

Wohin?

KRIXUS:

    Nach Süden.

SPARTACUS:

      Nein, ich will nach Norden.

KRIXUS:

Dann müssen Spartacus und Krixus kämpfen.

SPARTACUS:

Hat dich das Totenopfer nicht versöhnt?

KRIXUS:

Die Römer, die du in den Tod getrieben
durch eigne Hand, sie fesseln meine Fäuste,
und geben sie nur frei, um dich zu töten.

SPARTACUS:

So töte mich.

KRIXUS:

     Nur, wenn du mit mir kämpfst.

SPARTACUS:

Ich werde Krixus, meinen Freund, nicht töten.

KRIXUS:

Und wenn dich Krixus von Ennoia trennt?

ENNOIA (erscheint auf der Höhe des Hügels im Glanze der untergehen-
den Sonne. Das Licht, das von ihr ausstrahlt, fällt auf den Schild, den
Spartacus dem Krixus entgegenhält, um sich zu schützen.)

SPARTACUS (zieht das Schwert):

Dann fällst du!

KRIXUS (wirft die Hülle ab und erscheint als Gott der Unterwelt):

Orkus steht vor Spartacus!
Er kommt vom Marsfeld her. Die Eherne Wölfin
hat ihn geschickt, uns beide zu vereinen.
Die Unterwelt empfängt dich.

ENNOIA (steigt nieder):

Nein, Ennoia!

ORKUS:

Ein Altar ist errichtet für Ennoia
und Spartacus, damit sie Orkus opfern.

SPARTACUS:

Was wird geopfert dort?

ORKUS:

Der Todesfeind.
Denn Crassus wird die Übeltat vergolten.
Von einem Pferd mit rotem Zaume wird
man ihn herunterreißen auf die Erde,

sein Haupt vom Rumpfe trennen und den Hals
mit flüssigem Golde füllen für den Schacher,
den er mit Menschenleibern einst getrieben.
Der Abschaum des Geschlechtes wird ihm folgen.
Kommt mit, die Orkus-Feier zu bereiten!

ENNOIA (an der Seite des Spartacus):
Nein, wiederhole nicht das Totenopfer,
den Rachedurst von Krixus stille nicht.
Schließ dich der Liebe von Ennoia an.
Steh auf, sonst wird der Baum, an dem du lehnst,
zum Kreuze und dein Leib daran geschlagen.
(Orkus entschwindet)
Wir wollen jetzt in unsre Heimat wandern,
sieh, diesen Bach entlang. Komm, Spartacus,
von hier aus geht es hügelwärts, nach Norden.

SPARTACUS (sich erhebend):
Sind da nicht blutige Tropfen?

ENNOIA:
                              Preißelbeeren,
die wir als Kinder gerne abgelesen,
uns gegenseitig in den Mund gesteckt,
sie schmecken süß, doch laß dich nicht berauschen.
Wir müssen unsre Kraft vereinigen
für andere, die drüben uns erwarten.
Hier steigt der Pfad durch tiefe Schluchten aufwärts,
empor das Waldgebirge, über die Moränen,

dem Firn entgegen, der im Mondschein glänzt,
siehst du den Sternenweg —

(Es werden auf der Höhe die Schatten riesengroßer Kreuze sichtbar.
Von der linken Seite kehren die römischen Krieger mit den gefangenen
Sklaven zurück.)

SPARTACUS:
Ich seh die Straße
von Capua bis Rom mit schwarzen Kreuzen.

EIN HENKER (allen voran):
Holzt Bäume ab. Wir haben Galgen nötig.
Sechstausend brauchen wir, um alle Sklaven,
die wir gefangen haben, dran zu hängen.

SPARTACUS:
Ennoia, ach, ich kann nicht mit dir gehen,
denn immer muß ich auf die Kreuze blicken.
Ich darf kein Haus im Norden dir erbauen,
weil alle Balken sich zu Kreuzen fügen.
Denn ich bin schuld an der Allee der Kreuze,
die von dem Orkus aufgerichtet werden,
weil ich das Totenopfer Krixus brachte.

(Es wird dunkel. Sterne strahlen auf)

ENNOIA:
O Spartacus, sieh hinter diesen Kreuzen
die Sterne auferstehn im Strahlenkranz.

SPARTACUS:

Die Sonne sank. Auf meine Augen fällt
die Finsternis.

ENNOIA:

       O hilf ihm, Helios!

SPARTACUS:

Ach immer länger wird die Straße werden,
an der die Kreuze stehn, je mehr es dunkelt.

ENNOIA:

Wenn aber Helios es selber wendet,
der Allbelebende herunter steigt,
der Liebende das Los der Menschheit wählt,
nicht durch Geburt erhoben wie der Römer,
im Tode nicht erniedrigt wie der Sklave,
unschuldig alles Erdenschicksal trägt
und unser Elend auf die Schultern nimmt,
wenn Er, Gott Helios, die Menschenkreuze
in seiner Kreuzigung vereinen wird,
wenn Er am Kreuze stirbt und aufersteht,
dann wird aus Seinem Tode Leben keimen.

SPARTACUS:

Wann wird es sein?

ENNOIA:

       Wenn Augen es gesehen,
wie sich die Gottheit selbst der Menschheit opfert.

SPARTACUS:

Unwürdig bin ich ewig, dies zu schauen.

ENNOIA:

Kein Mensch, der davon ausgeschlossen ist,
doch jeder wird vor einer Probe stehen.

SPARTACUS:

Wir werden wiederkehren?

ENNOIA: Ja!

SPARTACUS: Und wann?

ENNOIA:

Siehst du den Stern des Nordens dort erglänzen!
Er weist uns jetzt den Weg zur Götterheimat.
Wenn wir mit seinem Glanze uns gerüstet,
wird er uns wieder auf die Erde führen.
Auf seinen Strahlen steigen wir hernieder,
sobald der Weltentag sich uns erneut.
Dort oben sammeln sich die Helfer schon,
um denen, die zu schwer an Schuld und Schmerz
getragen, Linderung zu bringen. — Schaue!
(Auf der Höhe erscheinen Geistgestalten, die Toten zu empfangen.)

DRITTER AKT

BÜHNENRAUM

Nachdem sich der Vorhang gesenkt hat, tritt der DICHTER hervor und
trifft mit dem FELDHERRN zusammen.

FELDHERR:

Sie haben dieses Stück für mich geschrieben.

DICHTER:

Für alle Menschen, daß ein jeder helfe
und sich das Schreckliche nicht wiederhole.

FELDHERR:

Was Sie zur römischen Geschichte fügen,
das Christentum, war damals gar nicht da.

DICHTER:

Es wurde schon im Weltall vorbereitet
von Christus, der das Leid der Menschen sah
von seinem Himmelsort, der Sonne, aus.

FELDHERR:

Das Christentum ging von der Erde fort,
ist Episode, die vergessen wurde,
was blieb, ist das Imperium Romanum.

DICHTER:

Ein Urchrist hat das Rote Kreuz begründet.
Dunant sagt dies in seinem Testament:
„Ich bin ein Jünger Christi, wie im ersten
Jahrhundert und sonst nichts", bezeugt er selbst.

FELDHERR:
Urchristentum ist nicht mehr zeitgemäß.

DICHTER:
Verwandelt kehrt es wiederum zurück.

FELDHERR:
In Sklaven!

DICHTER:
                    Und in Kriegern!

FELDHERR:
                              Auch in mir?

DICHTER:
Da müssen Sie die Antwort selber sagen.

FELDHERR:
Das Christentum paßt gut für Krankenschwestern,
ins Grab die Unheilbaren zu begleiten,
doch schlecht für Feldherrn, welche siegreich sind
und ihren Völkern Raum zum Leben schaffen.
— Die Pflichten unterscheiden sich hier sehr.

126

DICHTER:

So geben Sie dem Präsidenten wieder
die Hände frei, um seine Pflicht zu tun.

FELDHERR:

Die meiner Pflicht entgegenwirken will.

DICHTER:

Die heilt, was Ihre Pflicht für Wunden schlug.

FELDHERR:

Wir leben in der Eisenzeit der Erde.

DICHTER:

Geheiligt werde diese Eisenzeit.

FELDHERR:

Der größte Teil der Menschheit dient Berufen
der Eisenindustrie und Stahlbereitung,
dem Bau und der Verwendung von Maschinen,
der Kriegführung zu Land und Meer und Luft.
Die Völker würden brotlos ohne Rüstung.
Sie sind gezwungen, sich im Kampf zu messen.
Darin besteht das eherne Gesetz.

DICHTER:

Das aufgehoben werden kann von uns.
Denn was im Menschen selber wirkt als Eisen,

hilft uns das Blut zum Geist emporzuläutern.
Ein Ziel, das sich das Rote Kreuz gesetzt.
Der Arzt, die Krankenschwester und der Wärter,
der Lehrer und der Instrumentenmacher,
der Apotheker, Schuster, Bäcker, Bauer,
die Näherinnen und die Weberinnen,
bis zu der kleinsten Küchenmagd hinunter,
sie wissen sich dem Friedenswerk verbunden.
Ihr solltet uns in diesem Kreise sehen,
— wenn wir beraten, wie man helfen kann,
uns immer wieder zum Bewußtsein bringend,
daß jeder Mensch aus Gott geboren ist,
— wenn wir beständig neue Wege suchen,
um ihn in allen seinen Lebensaltern,
von der Geburt zum Tod hin zu betreuen,
— wenn wir uns mühn, den Ursprung seiner Krankheit
aus frühern Daseinsstufen und die Wirkung
für spätre Lebenszeiten zu ergründen,
— wenn wir das Schicksal so mit ernstem Blick
erforschen und der Engel zu uns spricht,
der zu der göttlichen Gemeinschaft weist.
— O lassen Sie auf schöpferische Art
uns weiter für das Wohl der Menschheit sorgen.
Dann wird ein jeder Mensch dem andern wert,
er sieht das Ewige in ihm erwachen
und will sein Bruder auf der Erde sein,
bis er die Todesschwelle überschreitet.

FELDHERR:

An unheilbares, todgeweihtes Schicksal
sich zu verschwenden, heiß ich Lebenskränkung.

DICHTER:

Wer heilt, darf in Gesundungskräften leben.

FELDHERR:

Das menschliche Geschlecht wird ganz verkümmern.

DICHTER:

Es wird die Neugeburt im Geist erlangen.

FELDHERR:

Das Volk kann nur im Blute auferstehen.

DICHTER:

Im Völkerblutbad geht die Menschheit unter.

FELDHERR:

Degenerieren ohne Daseinskampf?

DICHTER:

In Katastrophen selber sich begraben!

FELDHERR:

Ich muß Notwendigkeiten folgen, — sonst
ist mir der Krieg verloren.

DICHTER:

Nicht der Frieden.
Der liegt in Ihrer Hand.

FELDHERR:

Ich soll zurück?

DICHTER:

Um damit einen Vorsprung zu gewinnen,
wenn es zur Neuordnung der Dinge kommt.

FELDHERR:

Wie das?

DICHTER:

Sie können die Bedingung stellen,
daß alle Grenzen wieder offen werden
für die Produkte Ihrer Industrie,
Vorschläge für den freien Handel machen
und für die Aufhebung der Zölle —

FELDHERR:

Nein!
Man kann die Riesenheere nicht entlassen.
Sie würden arbeitslos.

DICHTER:

Sie fänden Arbeit
beim Wiederaufbau der zerstörten Wirtschaft.

FELDHERR:

Wohin mit diesen Massen?

DICHTER:
                    Millionen
sind nötig, um das Elend einzudämmen,
das durch Versteppung und durch Überschwemmung
so schrecklich überhand genommen hat,
als hätte die Natur am Kriege teil,
um Revolutionen, welche drohen,
noch in das richtige Geleis zu bringen,
um Seuchen und Neurosen zu verhindern.
Der Kampf geht weiter im Gespensterreich.
Dämonenrache folgt ihm auf dem Fuße.
Wir brauchen Krüppelheime, Irrenhäuser,
die Krieger müssen Therapeuten werden.

FELDHERR:
Ich soll das Rote Kreuz zum Vorbild nehmen?

DICHTER:
Schon lange hab ich Ihren Siegeslauf
von einer höhern Warte aus verfolgt,
bis zu der Kulmination der Macht.
Ich sehe Sie als Prototyp des Volkes:
Wegweiser zu dem Schwellenübergang
der Menschheit, die am Abgrund angelangt.
Die Tragik, die darin verborgen liegt,
ließ meine Seele in der Weltgeschichte
nach einem Schicksal suchen, Ihrem gleich.
Nur darum hab ich dieses Stück geschrieben.

FELDHERR:

Kein Mensch kennt meinen Ursprung und mein Ziel.

(Eine Ordonnanz tritt auf und überreicht dem Feldherrn eine Meldung)

Sogleich! — Das Tribunal versammelt sich,

(Ordonnanz mit dem Befehl ab)

das über Ihren Präsidenten richtet.

DICHTER:

O, geben Sie ihn frei.

FELDHERR:

                  Es liegt an ihm,

an seiner Willigkeit und seiner Klugheit.

— Sie könnten vieles tun für Ihre Freunde,

wenn Sie in meinem Sinne auf ihn wirken.

(Der Vorhang hebt sich, so daß die Generalität, zum Kriegsgericht versammelt, sichtbar wird)

(Der Feldherr tritt nach vorne)

(Alle erheben sich von den Sitzen)

GENERAL:

Der Feldherr, unser oberster Gerichtsherr,

der uns den neuen Völkerkodex gab,

er schau zum Rechten unter uns.

FELDHERR:

                  Beginnt!

GENERAL:

Der Kläger mit dem Angeklagten fehlt noch!

FELDHERR:

So lest die Satzung vor, bis sie erscheinen.
(Zum Dichter)
Sie sollen hören, welcher Geist hier waltet.

GENERAL:

Der Grundsatz unserer Gemeinschaft lautet:
Damit die Welt geboren werden konnte,
ist Gott gestorben. Gott ist eingegangen
aus einem ewigen Sein ins ewige Nichtsein.
Er ist nicht mehr. Nur Menschen sind noch da.
Fort ging der Gott vom menschlichen Geschlecht.
Sich selber sind die Menschen überlassen.
Die Erde müßte ganz in sich zerfallen,
wenn nicht der Mensch sich selbst zum Gotte machte.
Der Tod ist so zu unserm Gott geworden.
Drum steht auf unserm Banner dieses Bild.
(Es wird eine Fahne entfaltet, auf welcher ein Jüngling steht, der die Fackel
zu Boden senkt und löscht)
Es löscht der Gottessohn die Fackel aus.
Wir aber sind bereit, ihm nachzusterben,
das Leben für die Menschheit hinzugeben,
auf daß sie göttlich lebe auf der Erde.

DICHTER:

Der Gottessohn, der starb, ist auferstanden.

FELDHERR:

Die Dichter halten an dem Wahne fest,
weil dies der Phantasie gefällt. Jedoch:

Gott selber widerlegt in Wirklichkeit
die Auferstehung durch den Tod der Erde,
ihr Angesicht zeigt schon die Sterberunen.
Und durch den Absturz unseres Geschlechts
in Tierheit und Degeneration
hat er die eigne Ohnmacht offenbart.
Die Kranken und die Krüppel mehren sich.
Die Menschheit wird im Siechtum untergehen,
wenn nicht ein Mensch die Herrschaft übernimmt
und unerbittlich wird, wie Gott gewesen.
Dazu hab ich durch eignen Willen mich
erhoben und bin anerkannt von Euch.

ALLE:
So soll es sein.

FELDHERR:
                    Ich hab nur einen Gegner,
die Christenheit, die stets aus Mitleid lügt
und immer größres Weh und Elend zeugt.
Der Starke muß geschützt sein vor der Schwäche.
Die Menschheit muß den Schnitt ins eigne Fleisch
erdulden, soll das Carzinom nicht wuchern.
Ich denk, das leuchtet jedem Arzte ein
und jedem Theologen, möcht ich glauben.
Den Präsidenten, welcher beides ist,
bekehrt die Klugheit sicherlich dazu.
(Der JUSTIZFUNKTIONÄR erscheint und bleibt außerhalb der Versammlung stehen)

FELDHERR:

Wo ist der Delinquent?

JUSTIZFUNKTIONÄR:

          Erschossen.

FELDHERR:

               Tot!

GENERAL:

Das Tribunal weiß nichts von einem Urteil.

FELDHERR:

Wer wagt zu töten, ohne mich zu fragen?

JUSTIZFUNKTIONÄR:

Ihr Wille, auch wenn er verschwiegen ist.
Die Forderung des Augenblickes drängte,
wie stets in solchen Fällen, zum Entschluß.

GENERAL:

Zu dem Justizmord!

FELDHERR:

            Gegen meinen Plan,
der noch im Werden war!

JUSTIZFUNKTIONÄR:

            Die Leute folgten
den zehn Geboten nicht, die ich heut nacht
in Ihrem Namen ausgegeben hatte.

FELDHERR:

Willkürlich haben Sie mir vorgegriffen.
Ich sprach: Das Rote Kreuz wird aufgehoben,
sein Präsident vor das Gericht gestellt.

GENERAL:

Das Urteil ist nicht legitim gefällt.

JUSTIZFUNKTIONÄR:

Die Schwestern wichen nicht von ihren Kranken.
Die Ärzte operierten nach wie vor.
Die Professoren gaben Abendkurse,
als wär die Universität nicht abgeschafft.
Obschon die Kirchen gleich geschlossen wurden,
versammelten sich Menschen auf den Gassen
und sagten: Christus wäre unter ihnen.
Ein Priester predigte vom Antichrist,
der seine Maske abgenommen habe,
nachdem er sich auf Gottes Thron gesetzt.

FELDHERR:

Mein Name wurde ausgesprochen?

JUSTIZFUNKTIONÄR:
                                    Ja!
Zerbrechen wollt ich diesen Widerstand,
(für sich) zerbrech nun selbst am eigenen Verbrechen.
— Ich traf das Gremium des Roten Kreuzes,
es waren zwölf, von allen Disziplinen,

las ihnen Ihre zehn Gebote vor.
Auch eine Krankenschwester war dabei.
„Wir folgen keinem anderen Befehl
als dem des Heilands", sagte sie sehr still.
Die andern stimmten bei und blieben stumm.

FELDHERR:
Darauf?

JUSTIZFUNKTIONÄR:
    Wir führten sie hinaus, wo schon
der Präsident des Roten Kreuzes stand.

GENERAL:
Er wurde demnach, ohne uns zu fragen
aus seiner Untersuchungshaft geschleppt.

JUSTIZFUNKTIONÄR:
Ich schickte selbst nach Ihnen ins Theater.
Sie sahen sich das Schauspiel an. Die Wachen
verweigerten den Eintritt vor dem Schluß.
Ich wartete. Es war schon Mitternacht.
Die Füsiliere, die zum Standgericht
im Hof versammelt waren, blickten finster.
Ich fürchtete, sie würden revoltieren.

GENERAL:
Mit Recht, sie haben ihren Offizieren,
nicht Ihnen zu gehorchen.

FELDHERR:

        Mir, dem Feldherrn!

JUSTIZFUNKTIONÄR:

Gehorchen, blindlings, wollte ich auch jetzt,
und ich befahl zu schießen.

GENERAL:

        Sie befahlen?
Und nicht der Hauptmann?

JUSTIZFUNKTIONÄR:

        Der hat sich geweigert.

GENERAL:

Dann — ist das Heer nicht schuld an dieser Tat.

JUSTIZFUNKTIONÄR:

Sie fielen von der Salve der Gewehre,
wie Statuen von ihren Sockeln sinken
in einem Tempel, wenn der Grundstein wankt,
lautlos und ohne Klage, reihenweise.
Die Schwester ragte in dem Kugelregen
geschützt, als stünd sie nicht im Erdenraum,
und plötzlich sah ich rings um sie, die lebte,
die Toten stehn als himmlische Gestalten,
und wußte, dieses war im Gottesdom.
— Es senkten die Soldaten ihre Waffen
und wollten nicht zum zweiten Male zielen.

FELDHERR:

Sie meuterten?

JUSTIZFUNKTIONÄR:

        Sie drohten mich zu lynchen.
— Ich ließ sie internieren.

GENERAL:

        Unbefugt!

FELDHERR:

Wo ist die — Schwester?

JUSTIZFUNKTIONÄR:

        Wo sie früher war,
bei ihren Kriegsverletzten, die sie pflegt.

FELDHERR:

Trotz des Verbots!

JUSTIZFUNKTIONÄR:

        Sie will mit ihnen sterben.

GENERAL:

Ich hätte diese Menschen nie gerichtet.

FELDHERR:

Der Terror sollte schrecken, — töten nicht!

JUSTIZFUNKTIONÄR:

Sie sagten selbst, daß die gerechte Ordnung
niemals entstehn wird ohne Blutvergießen.

GENERAL (gegen den Feldherrn):

Das Echo dieser Worte klagt Sie an.

FELDHERR:

Man macht sich schuld an meinem eignen Blut.
Die Füsiliere werden die Gewehre
auf mich statt auf die Krankenschwester richten!

GENERAL:

Sie sind sehr ungerecht.

FELDHERR:
                      Ich wünschte nur,
ich hätte solche Freunde, pflichtgetreu,
exakt im Amt und folgsam im Beruf,
wie dieser Präsident und seine Helfer.
Ich wollt sie nutzen, aber nicht vernichten.
Daß man sie zu Märtyrern macht, ist schlimmer
als ihre Opposition. Dadurch
hab ich das beste Bollwerk eingebüßt,
das diese Stadt besitzt.

GENERAL:
                    Die Stadt ist unser.

FELDHERR:

Die Stadt aus Stein, der tot ist, nicht aus Geist,
der lebt. Wir müssen auch moralisch siegen.

GENERAL:

Das Heer wird sich empören wider uns,
wenn es die Feigheit dieses Mordes merkt.

FELDHERR:

Man hat sich schwer vergangen gegen mich.

JUSTIZFUNKTIONÄR:

O hätt ich nie auf den Befehl gehorcht,
dann dürft ich selber ein Märtyrer sein.

FELDHERR:

Ich übergebe Sie dem Tribunal.

JUSTIZFUNKTIONÄR:

Ja, richtet mich, ich sehne mich nach Sühne.

FELDHERR:

Kein Wort mehr. Das Gericht hat schon entschieden.

JUSTIZFUNKTIONÄR:

Mir wird so wehgemut wie in der Kindheit,
wenn ich nach einer Lüge wiederum
die Wahrheit sagen durfte. O wie lang
hab ich im Leben immer nur gelogen.

FELDHERR:

Man feßle ihn.

JUSTIZFUNKTIONÄR:

      Die Fessel macht mich frei.

GENERAL:

Sie büßen Ihr Verbrechen.

JUSTIZFUNKTIONÄR:

Mit Bewußtsein.
Zum voraus anerkenn ich jedes Urteil,
wie es auch ausfällt, selbst den Todesspruch.
Verdient ist er, auch ungerecht gefällt.
Nichts andres mehr will ich im Leben suchen,
als was mich den Gestorbnen näher bringt,
damit ich mich versöhnen darf mit ihnen.
Das Bild der Schwester, die am Leben blieb,
umgeben von den Toten, steht mir bei,
wenn ich die Todesschwelle übertrete.
(Er wird abgeführt)

FELDHERR (zum General):
Tut eure Pflicht.

GENERAL:

Diesmal verbietet Pflicht
ein Urteil. Denn er ist nur Funktion
von Ihnen.

FELDHERR:

Wenn er mir entgegenspricht?
Dem Feldherrn! Darauf steht die Todesstrafe!

GENERAL:
Dann müßten wir uns alle schuldig sprechen.

FELDHERR:
Sie rebellieren!

142

GENERAL:
  Gegen Unrecht — ja.

FELDHERR:
Dem Feldherrn folgt man auch im Unrecht nach,
weil er ein höheres Recht in sich verkörpert.
Wenn ich das Wohl des Ganzen fördern soll,
so muß der Teil sein Dasein opfern können.
Ich denke, Sie verstehen mich.

GENERAL:
    Ich weiß,
wie wenig Ihnen auch mein Leben gilt.

FELDHERR:
Jedoch — ich brauche Sie. Ja, danken Sie
dem Krieg, daß Sie Ihr Leben nicht verlieren.
(Pause)
Hört Ihr?

DIE OFFIZIERE (schauen sich an und lauschen)

FELDHERR:
  Hoch oben in der Stratosphäre!

GENERAL:
Wir hören nichts.

FELDHERR:
  Unhörbar Menschenohr,
nur meinem nicht, das übermenschlich hört.

Das Luftschiff Magog ist's, das lautlos naht,
der neue Flugzeugtyp, den ich erfunden.
Man hat mir die Idee dazu gestohlen,
sie ausgebaut und gegen mich gewandt.
Ich fühle, wie man mein Verderben plant!
Liegt keine Meldung vor? Ist draußen nichts
zu sehen? Sucht die Himmelsstraßen ab!
Lichtkegel werft empor zu den Gestirnen!
(Ordonnanz ab)
Ein Todesvogel ist es in der Luft,
ein Tank zu Land, ein U-Boot in dem Meer,
Chemie, Physik, Hydraulik, die Dynamos
zehntausend Pferdestärken, das Gerippe:
Dur-Aluminium und reibungsfrei,
Vernichtung führt's ins Reich der Elemente...
Die ORDONNANZ kommt zurück)

ORDONNANZ:
Hier diese Proklamation.

FELDHERR:
                    Gib her.

ORDONNANZ:
Schneeflockengleich fiel sie herab vom Himmel.

FELDHERR (liest):
,,Dem Feldherrn von Paganien zu wissen
und seinem ganzen Heere:
                    — Menschenbrüder!

144

Wir flogen heute um die Mitternacht
in aller Stille über diese Stadt,
die Lebenssaat und nicht den Todessamen
in euer Haupt und euer Herz zu säen,
den Frieden zu verkünden aller Welt.
Die Nationen, die im Kampfe liegen,
ersehnen eine neue Menschensatzung.
Sie zu beraten, laden wir euch ein
mit allen Rechten, die wir selbst besitzen.
Neutraler Treffpunkt sei das Rote Kreuz!"
(Er zerreißt das Papier und wirft die Fetzen fort)
Die Luftmeerflotte steige sogleich auf,
mit Bomben diesen Vorschlag zu erwidern.

GENERAL (unbemerkbar zur Ordonnanz):
Sie wartet, bis Verfügung kommt — von mir.

FELDHERR:
Zugleich beginnen wir den Großangriff.
Das Millionenheer steht schlachtbereit.
Geschütze, Autos, Wagen und Transporte,
getarnt in Stellung, harren des Befehls,
mit ungeheurer Schlagkraft einzubrechen,
auf hundert Kilometer breiter Front.
Zerrissen werden muß die Eisennaht.
Massierung auf die Mitte! In die Bresche,
vom Eisenhagel aufgewühlt, die Tanks,
Armeekorps, Tigerkatzen gleich im Sprung,

sobald der Feuervorhang weggezogen.
Die Hölle tut sich auf zu unserm Dienst!
Ihr Herren Offiziere auf die Posten!

GENERAL (leise zur Ordonnanz):
Auf ihre Posten, aber weiter nicht!
Kein Schritt nach vorwärts, bis ich selbst befehle!
(Die Offiziere, bis auf den General, verlassen den Raum)

FELDHERR (zum Dichter):
Sie werden diesen Tag als Augenzeuge
von meiner Feldherrnkunst verewigen.

GENERAL (zum Feldherr):
Da wir allein sind, wiederhole ich:
Auch wenn der Festungsring gebrochen wird,
so türmen sich dahinter kettenweise
Gebirge, überbaut mit Forts und Bunkern
und unterhöhlt mit Waffenmagazinen.

FELDHERR:
Gas deckt mit Leichenlaken alles zu.

GENERAL:
Was Kriegsrecht nicht erlaubt.

FELDHERR:
                                  Ich spreche Recht.

GENERAL:
Ich weigre mich.

146

FELDHERR:

      Sie brechen Ihren Eid

dem ersten Feldherrn.

GENERAL:

        Sie der ganzen Menschheit.

FELDHERR:

Die Menschheit! Das bin ich, der Sieger! Ich!

Nur ich bestimme noch.

GENERAL:

        Nicht über mich.

FELDHERR:

Dann — bleibt nur eins für Sie: Das Selbstgericht!

(Er reicht ihm zum Selbstmord den Revolver)

GENERAL (nach langem Schweigen):

Ich schieße nicht auf mich. Und nicht auf Sie.

Und nicht auf unsern Feind. Es fällt kein Schuß mehr,

das schwör ich Ihnen, welcher sinnlos ist.

Zu diesen ungezählten Toten kommt

(Er legt die Waffe weg)

von heute an kein einziger hinzu.

Ich gehe jetzt und sorge für das Rechte.

(Ab)

FELDHERR (im Begriff ihm nachzustürmen):

Was sagen Millionen blutige Leichen,

was Totentäler und Verwesungsflüsse,

was Knochenberge ganzer Kontinente,

wenn einst der neue Mensch daraus erwächst,
der euch die neue Ordnung bringen wird,
die neue Wissenschaft, die neue Kunst,
die Neugeburt des irdischen Geschlechts!

DICHTER:

Der neue Mensch erkennt den Auferstandnen.

FELDHERR:

Der neue Mensch muß mehr als Christus sein.
Es ziehen sich Jahrtausende zusammen
in mir, dem Einen, der den Mut besitzt,
mit andern Göttern endlich aufzuräumen.
(Die Ausgänge des Raumes füllen sich für den Blick des Feldherrn mit den
Toten des Krieges)
(Der Feldherr prallt vor den Scharen zurück)
(Der erschossene PRÄSIDENT DES ROTEN KREUZES, der noch die
Todeswunde zeigt, tritt mit den Seinen, die gefallen sind, hervor)

PRÄSIDENT:

Um Leid zu lindern, Lasten abzunehmen,
hat der Erlöser unser Leben noch
der Erde zugewandt, obwohl die Seele
schon in dem Licht der Menschheit ruhen darf.
Die Hand, die heilen will, muß wehe tun.
Drum löst sie nun von dir den Geist,
läßt deinen Leib verlassen in dem Dunkel.
(Er berührt das Haupt des Feldherrn)
Der Ohnmacht übergibt sie diesen Körper.
Er wird zwar leben, aber wie ein Wesen,

das nichts mehr von dem Menschentum besitzt
und ganz im Schlaf der Kreatur versinkt.
Erinnrung, Schuld und Reue schwinden dir,
weil deine Ichheit weggenommen ist,
um in den Himmeln wieder gut zu machen,
was du zerbrochen hast. Und wo du Weh
gebracht, da werden dich die Geister richten
und läutern, bis du rein geworden bist.
Sie geben dir im Anblick deiner selbst,
im Bilde des zerstörten Menschenleibes,
auf den du nun hinunterschauen mußt,
die Weisung, wie du besser wiederkehrst.
O sieh, wie liegt dein Leib nun wehrlos da
im Irrsinn und im Siechtum lebenslang.
Nun sammle durch das Anschaun eignen Elends
die Kräfte zu dem Dienst am Menschenheil.
Dein höheres Selbst wird seinen Retter finden.
(Die Geistgestalten heben die Ichheit des Feldherrn weg und entschwinden
mit ihr. Sein Leib sinkt hin und bleibt ohnmächtig auf der Erde zurück.)

DICHTER:

O Jammer! – Ruft die Schwester!

RUFE:

Schwester! Schwester!

DICHTER:

Vielleicht errettet sie sein Menschentum.
(Der GENERAL erscheint)

GENERAL:

Die Generalität will Rechenschaft.
Wehrlose zu beschützen ist die Pflicht
des Kriegers, welcher Waffen tragen muß.
Wir fordern unsern Feldherrn vor Gericht,
weil er das Rote Kreuz bekämpfen will.

DICHTER:

Gericht hat nur mit Mündigen zu tun.
Doch dieser hier ist weniger als Kind.
Sein Geist entwich.

GENERAL:
                    O wär der Leib auch tot!
(Die OBERSCHWESTER erscheint)

OBERSCHWESTER:

Auch unheilbares Leben ist uns heilig.

GENERAL:

Wenn Sie ihn heilen, wird er wieder töten.

OBERSCHWESTER:

Als Heilende will ich dem Leben helfen.

GENERAL:

Er ist Ihr Feind.

OBERSCHWESTER:
                    Es gibt nur einen Feind:
Den Tod.

GENERAL:

Und was den Tod bewirkt: den Dämon.

OBERSCHWESTER:

Der Todes-Dämon ist hinweggeflohen.

GENERAL:

Nutzloses Leben jetzt für ihn und uns.

DICHTER:

Nicht doch, sein Geist schaut auf den Leib herab
und sieht, wie hilflos er geworden ist,
und lernt, wie denen einst zumute war,
die er dem Tode übergeben wollte,
und wie die Schwesternliebe heilen wird.

GENERAL:

Doch werden die Gestorbnen Ruhe haben,
wenn seine Untat nicht Vergeltung findet?

OBERSCHWESTER:

Sie danken mit des Geistes Lobgesängen,
daß sie den Opfertod erleiden durften,
der Millionen Menschenleben rettet.
O laßt uns Lebende ihr Schicksal preisen
und immerwährend in der Liebe wachsen.

GENERAL:

Auch meinen Leib und Geist habt ihr gerettet.
Ich darf das Heer zum Heil der Menschheit führen.
(Ein ABGESANDTER in Begleitung des OBERAMTMANNS kommt)

OBERAMTMANN:

Ich hab den Abgesandten hergebracht.
Die Friedensunterhandlung soll beginnen.
Kommt mit! Hört zu! Beratet selber, legt
den Grund zur Völkereidgenossenschaft!

ABGESANDTER:

Wir bringen die Gewähr der Menschlichkeit,
die aus Erkenntnis die Gemeinschaft gründet.
Als Erstes: Freiheit in dem Geistesleben,
als Zweites: Gleichheit vor Gesetz und Recht,
als Drittes: Brüderliche Wirtschaftsbünde.

DICHTER:

Ein wahres, schönes, gutes Menschentum!
Hier ward es vorgelebt und vorgestorben,
hier darf es aus dem Geiste auferstehen.

NACHWORT

Das Drama „Märtyrer" schrieb ich im Frühjahr 1940. Die Handlung dachte ich am Ende des zwanzigsten Jahrhunderts. Es kann sich demnach meine Darstellung nicht auf gegenwärtige, sondern nur auf zukünftige Entwicklungsverhältnisse der Menschheit beziehen. Wer frei von Völker-Sympathien und -Antipathien, mit reinem Erkenntnisblick auf die heutige Zivilisation schaut, muß sich gestehen, daß diese ihrem Zusammenbruch entgegengeht, wenn nicht andere Geisteskräfte als jene, die sie hervorgebracht haben, eingreifen.

Henri Dunant sah die Katastrophen voraus. Er schrieb im Jahre 1897: „Alles was den Stolz unserer Zivilisation bildet, wird ihm – dem Krieg – dienstbar gemacht. Eure elektrischen Bahnen, eure lenkbaren Luftschiffe, eure Unterseeboote und fliegenden Brücken, eure Augenblicksphotographien, eure Telegraphe, Telephone und Photophone und so viele andere wunderbaren Erfindungen werden ihm neben euren menschenmordenden Werkzeugen treffliche Dienste leisten...

Spornet die sinnreichen Erfinder an, die ihre Zerstörungsmittel mit solcher Freude, solcher Begeisterung vervollkommnen. Überhäuft sie mit Ehren, stopft sie voll mit Gold! Zerstöret um die Wette die schönsten Meisterwerke, den Stolz der Zivilisation: Paläste und Schlösser,

Uferbauten und Häfen, Viadukte, Gebäude und Denkmäler aller Art. Aber vergeßt nicht, daß dann auch diese Zivilisation, auf die ihr euch so viel zugute tut, unfehlbar in Trümmer geht, und mit ihr euer Wohlstand, euer Handel, eure Industrie, euer Ackerbau und vielleicht auch eure nationale Freiheit und euer häusliches Glück."

Er schlug, als Linderungsmittel, die Neutralisation von Städten vor, in welche man die Millionenernten der Schlachten, Hungersnöte und Seuchen schicken könnte. Die Bevölkerung, so schrieb er, die sich ihrer annähme, würde an dem Schutze teilnehmen, der in solchen Fällen durch die diplomatische Konvention gesichert werden müßte.

Dieser Vorschlag, auf geweiterter Grundlage, eröffnet eine Rettungsperspektive. Es wird künftig nicht mehr anders möglich sein, als ganze Länder auszusparen, damit die Opfer der Kriege, die den Erdkreis umfassen, aufgenommen werden können.

Der Idee, solche Distrikte kulturell, rechtlich und wirtschaftlich derart auszurüsten, daß dieses Liebeswerk zustande kommt, steht die eherne Notwendigkeit der Kriegführung entgegen, auf jeden Fall strategische Stützpunkte zu gewinnen, um ihre Operationen, selbst mit Okkupation des neutralen Gebietes, durchzuführen.

Mein Drama schildert das Los der Menschheit, wie es – hundert Jahre nach Dunants Plan – werden kann, falls die Nationen nicht zur Selbsterkenntnis ihrer Volksseelen und zur Erfüllung ihrer Aufgaben geführt werden.

Anläßlich der ersten Friedenskonferenz im Haag am Ausgang des Jahrhunderts, jener gefährlichsten Illusion, der sich die Menschheit hingab, hatte Dunant geschrieben:

„Die Vereine vom Roten Kreuz waren ein erster Markstein brüderlicher Annäherung auf dem Gebiete der höchsten und edelsten Wohltätigkeit. Das Rote Kreuz und die Genfer Konvention haben den Weg für die Durchführung von anderen großen Werken gewiesen. Heute besteht ein Einvernehmen über materielle Interessen, das über bestimmte Punkte zwischen allen gesitteten Völkern zu einem solidarischen Verhalten geführt hat, und das wird immer so weiter gehen. Diese Solidarität hat sich praktisch betätigt durch den Weltpostverein, die internationale Telegraphunion, das internationale Büro für Gewichte und Maße, die internationale Vereinigung für den Schutz des industriellen, künstlerischen, literarischen Eigentums, das Büro zur Unterdrückung des Sklavenhandels, die internationale Vereinbarung zur Veröffentlichung der Zolltarife, das internationale Büro für Transporte auf Eisenbahnen..."

Alles strebte der Vereinheitlichung entgegen. Aber diese führte, bei der herrschenden Geistverneinung und Erkenntnisgleichgültigkeit, doch nur zu einer physischen Annäherung der Menschen, zur bloßen Verkehrsroutine. Von einer im Sinne Henri Dunants geschwisterlichen Lebensgemeinschaft, wie sie im Keimpunkt des Roten Kreuzes so zukunftverheißend ins Dasein trat, kann keine

Rede sein, solange der wirtschaftlich-ökonomisch-technische Einheitsleib der Erde nicht eine Geistseele finden kann, die der Vielfältigkeit der individuellen Menschenschicksale, der verschiedenen Völker, des Ostens, der Mitte und des Westens Europas, der Gegensätze von Amerika und Asien in ergänzender Weise gerecht wird. Die Zivilisation, die aus der Naturwissenschaft hervorgegangen ist und mittels des Willens zur Macht motorisiert wird, verödet in ihrer Oberflächlichkeit und rotiert nach unten. Sie trägt den Tod in sich.

Dunants Menschlichkeits-Impuls reicht über den Tod hinaus. Er ist aus der Heiligkeit alles Lebens geboren. Was aber könnte das Bewußtsein seines Ursprungs wecken und ihm zu weiterem Wachstum und Gedeihen auf der malträtierten Erde verhelfen, wenn nicht die Gewißheit der übersinnlichen Welten?

Die Urchristen empfanden die geistige Welt noch als Realität. Wir brauchen nur auf Geistesheroen wie Clemens von Alexandrien, Origenes und Justinus, die Nachfolger der Apostel, zu weisen. Der erste spricht noch ausdrücklich von der Erfüllung der griechischen Mysterien durch das Mysterium von Golgatha; der zweite weist nicht nur auf die Postexistenz, sondern auch auf die Präexistenz der menschlichen Seele; und der dritte sagt sogar, daß Sokrates, Heraklit und andere Führer der Menschheit auch schon Christen gewesen seien.

Wenn wir von einem solchen, heute fast verklungenen Geistesleben hören, fällt uns jenes Wort von *Henri*

Dunant ein, das er in seinem Testamente niedergelegt hat und ganz gewiß mit dem allertiefsten Ernste aufgefaßt wissen wollte, denn es ist ja angesichts des Todes geschrieben: *„Ich bin ein Jünger Christi wie im ersten Jahrhundert und sonst nichts."* Sein ganzes Leben zeugt dafür. Erinnern wir uns an jene Szene nach der Schlacht von Solferino, wo die empörte Bevölkerung von Castiglione verwundete Gefangene die Kirchentreppe hinunterstieß und Dunant dazwischen trat und rief: „Tut das nicht, sono tutti fratelli, es sind alles Brüder!" und wie sich dieser Ruf dann durch die Stadt weiterpflanzte und Helfer warb, die sich nicht nur für Franzosen und Italiener einsetzten, sondern auch für ihre Gegner, die Österreicher, Ungarn, Kroaten, für das ganze Völkerkonglomerat, das in den damaligen Krieg verflochten war, ohne Unterschied von Konfession und Rasse. Es befanden sich ja auch Neger und Mohammedaner darunter. Es war ein Menschheitsimpuls, der damals Dunant ergriff, und zwar ein übersinnlicher. Er blieb sein ganzes Leben davon erfüllt. Die Begeisterung ging in seine Worte über; er erzählt es selbst: „Während ich im Verborgenen die Erinnerung an Solferino schrieb, wurde ich gleichsam über mich selbst erhoben, beherrscht von einer höheren Macht, beseelt vom göttlichen Atem. In der verhaltenen Erregung, von der mein Herz erfüllt war, überkam mich das Gefühl einer unbestimmten und dennoch elementaren Intuition, die meine Arbeit zum Instrument eines höheren Willens wandelte. Ich sollte ein heiliges Werk vollbringen helfen, dem die Zukunft eine unabsehbare Entwicklung zum Nutzen der Menschheit vorbehalten hatte..."

Es war die Geburtsstunde des Roten Kreuzes. Das Zeichen desselben weist – zu Recht – auf das Mittelpunktsereignis der Menschheit durch die echte Jüngerschaft seines Begründers. Und die Schweiz mit ihrem Wappen, dem weißen Kreuz, darf ihm Heimat sein. Dadurch hat sie eine unantastbare Mission im Völkerleben. Sie vertritt die Menschlichkeit. Der Schweizer kann in seinem Blut den Pulsschlag der Menschheit fühlen. Er soll sein Herz mit Lebensgeist durchdringen.

Dieses Recht, das eine Gnade ist, verpflichtet. Wozu? Versuchen wir, die richtige Antwort zu finden.

Die Zeiten haben sich geändert. Wir dürfen diese Änderung nicht übersehen. Als Dunant seinen Impuls faßte, waren die Volksgemeinschaften noch nicht in solchem Ausmaß wie heute von jenem Materialismus durchsetzt, der sich aus der tendenziös ausgelegten, sich nur auf Sinnesbeobachtung und Verstandeskombination stützenden Naturwissenschaft ergeben hat. Heute mag diese Weltanschauung von den gebildeten Schichten mehr oder weniger überwunden sein, nicht aber ihre Auswirkungen in der Masse. Die Gesinnung wird mehr als je von einer – meist falsch verstandenen – Vererbungstheorie oder Anpassungslehre, dem angewandten Darwinismus, bestimmt. Die Auslese der Tüchtigsten erfolgt nicht mehr von moralischen Gesichtspunkten, sondern von biologischen. Die „praktische Vernunft" war seit Kant, der die Erkenntnisschranken errichtet hatte, um für den Glauben Platz zu bekommen, das einzige geblieben, was die Ethik aufrecht erhielt. Der kategorische Imperativ, den er als Pflichtgebot postulierte, war zu einer gewaltigen Macht gelangt, die gewiss viele Opferkräfte auslöste, vor allem unter Naturforschern und Ärzten, solange diese – aus Tradition und Erziehung – das Wohl der Menschheit im Auge hatten. Immer mehr aber mußte die Naturwissenschaft mit ihren Disziplinen, samt der auf ihr beruhenden Psychologie, zugeben, dass sie das Geistige im Menschen, das über Tod und Geburt hinausreicht, gar nicht erfassen kann. Dies griff sogar auf das Rechtswesen über.

Versuchen wir an einem symptomatischen Beispiel zu erläutern, um was für Entscheidungen es sich heute handelt. Vor mehreren Jahren erschien eine Broschüre, betitelt: „Die Freigabe der Vernichtung lebensunwerten Lebens", herausgegeben von Professor Dr. jur. et phil. Karl Binding und Professor Dr. med. Alfred Hoche. Professor Bindings Beitrag heißt: „Rechtliche Ausführung". Er formuliert das Problem am Anfang seiner Abhandlung folgendermaßen: „Soll die unverbotene Lebensvernichtung, wie nach heutigem Rechte – vom Notstand abgesehen –, auf die Selbsttötung des Menschen beschränkt bleiben, oder soll sie eine gesetzliche Erweiterung auf Tötungen von Nebenmenschen erfahren und in welchem Umfang?" Er denkt hier an die unrettbar dem Tode Verfallenen, die diese Tötung selbst verlangen, und die unheilbar Blödsinnigen, die nicht imstande sind, sich zu äußern, und fordert dabei „die volle Achtung des Lebenswillens aller, auch der kränksten und gequältesten und nutzlosesten Menschen". Die Behandlung dieser Fragen soll, von „Fallgruppe zu Fallgruppe" führend, streng juristisch, als Ausgangspunkt das geltende Recht nehmen.

Der berühmte Rechtsgelehrte pflegte seine Vorlesungen über „Enzyklopädie des Rechts" (wie dies sein Sohn Rudolf G. Binding, der vor einigen Jahren verstorbene Dichter, in seinem Buch „Erlebtes Leben" beschreibt) mit den Worten zu beginnen: „Alles Recht ist von Menschen für Menschen gemacht". Er sieht in dieser Abhandlung davon ab, seinen Standpunkt erkenntnismäßig zu fundieren. Er spricht zwar von dem, was wesentlich für den Menschen ist, von der Freiheit, aber er rechtfertigt sie nicht auf philosophische Art. Er zieht die Möglichkeit geisteswissenschaftlicher Methoden noch keineswegs in Betracht.

„Von einer Macht", so schreibt er, „der er nicht widerstehen kann, wird Mensch für Mensch ins Dasein gehoben. Mit diesem Schicksale sich abzufinden – das ist seines Lebens Beruf. Wie er dies tut, das kann innerhalb der engen Grenzen seiner Bewegungsfreiheit nur er selbst bestimmen. *Insoweit ist er der geborene Souverän über sein Leben.* Das Recht – ohnmächtig dem Einzelnen die Tragkraft nach der ihm vom Leben auferlegten Traglast zu bestimmen – bringt diesen Gedanken scharf zum Ausdruck durch Anerkennung von jedermanns Freiheit, mit seinem Leben ein Ende zu machen."

Dieses Recht auf Selbstmord wird heute in einem erschreckend zunehmenden Maße ausgeübt. Die Menschen kommen immer mehr in Lebenssituationen, wo sie keinen andern Ausweg mehr sehen. Und es erhebt sich, von der allgemeinen Not eingegeben, die Frage: Kann die Tragkraft, die nötig ist, um das heutige Leben auszuhalten, derart verstärkt werden, daß der Mensch bisher unerträglich scheinende Leiden auf sich nehmen und sogar zum Segen der Menschheit verwandeln will? Man darf in unserer naturwissenschaftlich-technisch gerichteten Epoche nicht mehr so ohne weiteres, wie noch vor einigen Jahrzehnten, antworten: Durch die Hilfe der Religion. Denn vorher müßte man die Menschen, die sie verloren haben, wiederum zu ihr zurückführen. Durch den bloßen Glauben, der zersetzt ist, wird dies nur ausnahmsweise gelingen. Drohungen mit diesseitigen oder jenseitigen Strafen fruchten wenig mehr. Es wäre, sagt Professor Binding, „eine unreine Auffassung, der Gott der Liebe könne wünschen, daß der Mensch erst nach unendlicher körperlicher oder seelischer Qual stürbe".

Der vom eisernen Zeitalter gehärtete Mensch (homo faber nannte ihn Max Scheler) verlangt gesicherte Methoden und exakte Wissenschaft. Wer zu ihm von geistigen Tatsachen sprechen will, muß es auf unumstößliche Art tun, so wie der Physiker und Chemiker. Er verlangt Geisteswissenschaft, welche die Naturwissenschaft, die auf ihrem Gebiete berechtigt ist, nicht verneint (sonst würde er in seinem Beruf ja ausgeschaltet), sondern ergänzt. Wenn aber geisteswissenschaftlich fundierte Erkenntnisse über die Präexistenz oder Postexistenz, wie sie noch die Urchristen hatten, in zeitgemäßer Art dargestellt werden, so wird er aufhorchen und sie zu begreifen suchen. Er wird sie, auch wenn sie zunächst schwierig erscheinen, in sein Gedankenleben aufnehmen, ebenso wie früher die Lehren von der Vererbung oder Deszendenz. Auch diese sind im Grunde von einer für die meisten Menschen schwer durchschaubaren Kompliziertheit. Sie konnten nur durch eine immer materialistischer werdende Erziehung zur Devise der Menschheit werden, die jetzt so verhängnisvolle Folgen zeitigt. Es muß also vor allen Dingen eine Pädagogik, die auf der Gewißheit des geistigen Ursprungs der Menschennatur beruht, einsetzen.

Gewiß befremdet es viele Leute, wenn sie zum erstenmal Worte wie Präexistenz, Postexistenz oder Reinkarnation vernehmen. Aber finden wir denn diese Ideen nicht bei den uns liebsten und vertrautesten Denkern und Dichtern? Lessing, Goethe, Hölderlin, Novalis, Hebbel, Emerson, Richard Wagner und viele andere sprachen davon. Johann Peter Hebel, der Lieblingsdichter der Kinder, entwarf eine Predigt über die Wiederverkörperung. „Das Leben ist so süß und doch so beschränkt", schrieb er. „Wir hoffen ein zweites. – Haben wir vielleicht auch schon ein früheres gelebt?" Und er findet bessere Gründe dafür als dagegen. Jacob Burckhardt fragte in seinen weltgeschichtlichen Betrachtungen, „ob die Metempsychose nicht vielleicht bestimmt sei, noch einmal das Christentum zu durchkreuzen". Und C. F. Meyer schrieb an Friedrich von Wyß: „Durchgemacht in den letzten Jahren habe ich mehr als ich je eingestehen werde. Was mich hielt, war eigentlich ein Seelenwanderungsgedanke, ich sagte mir, du hast offenbar in einem früheren Dasein irgend etwas Frevles unternommen. Da sprach das Schicksal: Dafür soll mir der Kerl auf die Erde und ein Meyer werden. Beides muß nun redlich durchgelitten werden, um wieder in eine bessere Lage zu gelangen."

Die Tragkraft des Menschen, von der Professor Binding spricht, erhöht sich durch die Idee der wiederholten Erdenleben. Wer von der Präexistenz und Postexistenz überzeugt ist, der wird sein Leben nicht durch einen Selbstmord abbrechen. Denn der Entschluß, sich in einem irdischen Körper zu verleiblichen, ist ja nicht nur, wie Binding schreibt, „von einer Macht, der er nicht widerstehen kann" bestimmt, sondern zugleich von der unsterblichen Individualität, die im Menschheitsganzen eingegliedert ist, von ihren Taten und den Folgen derselben, von ihrem Verhältnis zu andern Menschen, insofern es auf Geben und Nehmen beruht, von der Waage der Weltgerechtigkeit, zu deren Ausgleich der höhere Mensch zu seinem Heile Ja sagt, vom selbstgewollten Schicksal. Nur sind die wahren Gründe dieses Schicksals im Leben zwischen der Geburt und dem Tode vergessen, und zwar deshalb, weil die Individualität des Menschen, die den Tod überdauert, sein unsterbliches Ich, im Alltagsleben ihm nicht völlig bewußt wird. Aber diese höhere Ichheit kann durch eine Steigerung der moralischen Fähigkeiten erweckt werden, so wie es z. B. bei Henri Dunant der Fall war. Deshalb schrieb er: „Ich bin ein Jünger Christi wie im ersten Jahrhundert und sonst nichts."

Karl Binding sagt in seiner Broschüre: „Denkt man sich gleichzeitig ein Schlachtfeld, bedeckt mit Tausenden toter Jugend, oder ein Bergwerk, worin schlagende Wetter Hunderte fleissiger Arbeiter verschüttet haben, und stellt man in Gedanken unsere Idioteninstitute mit ihrer Sorgfalt für ihre lebenden Insaßen daneben — und man ist auf das tiefste erschüttert von diesem grellen Mißklang zwischen der Opferung des teuersten Gutes der Menschheit im größten Maßstabe auf der einen und der größten Pflege nicht nur absolut wertloser, sondern negativ zu wertender Existenzen auf der anderen Seite."

Aber vom Gesichtspunkt der wiederholten Erdenleben können Krankheit und Gesundheit niemals mit jenem Utilitarismus gemessen werden, der nicht nur die Objekte, auf die er sich richtet, sondern auch die Subjekte, die ihn entwickeln, entwürdigt! Wie sind die schlichten Worte Rudolf Steiners, des Schöpfers und Begründers der Geisteswissenschaft, doch von Erlöserliebe erfüllt im Gegensatz zu jeder Wert- oder Unwerttheorie. „Ein Mensch", so sagte er einst in einer längeren Fragebeantwortung, von der ich hier nur einen kurzen Teil zitiere, „war in einem vorhergehenden Leben verurteilt, durch ein unentwickeltes Gehirn ein Dasein in Stumpfheit zu führen. In der Zwischenzeit zwischen seinem Tode und einer neuen Geburt konnte er nun all die bedrückenden Erfahrungen eines solchen Lebens, das Herumgestossenwerden, die Lieblosigkeit der Menschen in sich verarbeiten, und er wurde als ein wahres Genie der Wohltätigkeit wiedergeboren."

Man denke sich zwei Ärzte, der eine von diesem Gedanken über die Wiederverkörperung durchdrungen, der andere von jenem über „die Vernichtung lebensunwerten Lebens". Der eine wird heilende, der andere kränkende Kräfte ausstrahlen. Jeder Arzt muß hoffen bis zuletzt. Darauf beruht sein gesundender Einfluß. Das gibt dem Kranken das Vertrauen. Er wird, wenn sein Geist immerfort auf Erkenntnis sinnt, die das Unsterbliche im Menschen erfaßt, als Diagnostiker und Therapeutiker wachsen. Er wird segensreiche Entdeckungen in bezug auf die Heilung machen und schließlich auch gegen solche Krankheiten, die heute noch als unheilbar gelten, Mittel finden.

Der Impuls der Menschlichkeit muß im Arzt und im Pfleger erwachsen, bevor sie der unheilbaren Krankheit gegenüberstehen. Sie müssen ihr Mitleid schon darin betätigen, daß sie um die Erkenntnis solcher Ideen ringen, ohne die eine künftige Generation niemals gedeihen wird. Die leidende Menschheit verlangt diese Gedanken.

*

DIE WERKE VON ALBERT STEFFEN

IM VERLAG FÜR SCHÖNE WISSENSCHAFTEN
DORNACH / SCHWEIZ

Romane   Ott, Alois und Werelsche. 1907.
Die Bestimmung der Roheit. 1912.
Die Erneuerung des Bundes. 1913.
Der rechte Liebhaber des Schicksals. 1916.
Sibylla Mariana. 1917.
Lebensgeschichte eines jungen Menschen. 1928.
Wildeisen. 1929.
Sucher nach sich selbst. 1931.
Aus Georg Archibalds Lebenslauf und nachgelassenen
Schriften. 1950.
Oase der Menschlichkeit. 1954.
Altmanns Memoiren aus dem Krankenhaus. 1956.
Dreiunddreißig Jahre. 1959.
Die Mission der Poesie. 1962.

*

Elisabeth Steffen: Selbstgewähltes Schicksal.
Mit Gedenkworten von Albert Steffen. 1961.

Erinnerungen, Skizzen und Miniaturen
Kleine Mythen. 1923.
Pilgerfahrt zum Lebensbaum. 1924.
In Memoriam Rudolf Steiner. 1925.
Lebenswende. 1931.
Merkbuch. 1937.
Buch der Rückschau. 1938.
Selbsterkenntnis und Lebensschau. 1940.
Auf Geisteswegen. 1942.
Der Genius des Todes. 1943.
Novellen. 1947.
Aus der Mappe eines Geistsuchers. 1951.
Gedenkbilder für Elisabeth Steffen. Mit zwölf farbigen
Aquarellwiedergaben. 1961.
Lebensbilder an der Todespforte. Mit zwölf farbigen
Aquarellwiedergaben. 1963.
Reisen hüben und drüben. Mit vierzehn farbig wieder-
gegebenen Skizzen. 1963.

Essays Geist-Erkenntnis / Gottes-Liebe. 1949.
Dichtung als Weg zur Einweihung. 1960.

Begegnungen mit Rudolf Steiner. 1926/1955.
Mani. Sein Leben und seine Lehre. 1930.
Goethes Geistgestalt. 1932.
Conrad Ferdinand Meyers lebendige Gestalt. 1937.
Lebensbildnis Pestalozzis. 1939.

Brennende Probleme. 1956.

Von der Albert Steffen Stiftung herausgegebene Werke des Dichters

Im Sterben auferstehen. *Gedichte.* 1964.
Im Gedenken an Otto Rennefeld. *Essays und Gedichte.* 1965.
Dante und die Gegenwart. *Essays.* 1965.
Gegenwartsaufgaben der Menschheit. *Essays.* 1966.
Weihnachtsbilder. *Mappe mit drei Weihnachtsbetrachtungen und sieben farbigen Aquarellwiedergaben.* 1966.
Geist-Erwachen im Farben-Erleben. *Betrachtungen, Skizzen, Erinnerungen. Mit zwölf farbigen Aquarellwiedergaben.* 1968.
Vom Geistesweg Christian Morgensterns. *Essays.* 1971.
Über den Keimgrund der Mysteriendramen Rudolf Steiners. *Essays.* 1971.
Die Botschaft von Novalis. *Essays.* 1972.
Geistesschulung und Gemeinschaftsbildung. *Aufsätze und Ansprachen.* 1974.
Reisetagebuch. *Beobachtungen und Erinnerungen. Mit zwölf farbig wiedergegebenen Skizzen.* 1978.

Therapeutische Dichtung. *Hinweise und Studien aus dem Umgang mit Albert Steffens Lebenswerk. Eine Zeitschrift.* 1972. *(Bis Ende 1976 zwölf Hefte.)*